Brian Alba

EL MOTOR DE LA ACCIÓN

Este libro muestra con un estilo único la capacidad que tienen las decisiones del ser humano en la vida, muestra al detalle una gama de caminos hacia el éxito a partir de la toma de decisiones y sobre todo de tomar acción.

Ha sido creado para que pueda ser disfrutado por niños, adolescentes y adultos. Siguiendo la línea de productos de Brian Alba es un libro que centra su contenido al desarrollo y crecimiento personal.

Este libro no está ofreciendo un asesoramiento ni consejo individualizado adaptado a un tipo de persona en particular ni a tratar ningún tipo de enfermedad o condición específica de alguien. Si usted tiene algún tipo de enfermedad, condición o necesidad particular por favor busque los servicios de un profesional.

Dedicado a todos los que se encuentran persiguiendo un sueño, que siguen luchando y hacen todo lo posible por llegar a cumplirlo...

BRIAN ALBA

Índice

Introducción

El presente libro es una recopilación de conocimientos enfocados al beneficio personal y al crecimiento individual que tiene como propósito alejarle de todos aquellos hábitos destructores que por su aparente repercusión inofensiva hace que usted caiga en un precipicio del que cuesta salir, y todo esto sin darnos cuenta hasta que es demasiado tarde.

Lo primero que haremos es dar nombre a un acto que muchos de nosotros practicamos durante gran parte de nuestra vida sin saber de qué se trata realmente, este acto nos aleja de nuestros objetivos, frustra nuestros sueños y deja a cambio una sensación de falsa satisfacción.

Mostraremos mecanismos para evitar que este mal del que hablaremos con más profundidad a lo largo del capítulo nos afecte y puedas reducir su aparición.

En la extensión del presente escrito daremos pautas y técnicas que nos enseñarán a la buena toma de decisiones, esto es muy importante y lo veremos con detalle en el momento ya que muchas personas deciden en base a la emoción, en vez de que sean sus acciones las que determinen la decisión.

Mostraremos la manera en la que los grandes exponentes de la humanidad han elegido de forma correcta y han sabido escoger de forma sabia las opciones que los llevaron al éxito.

Te enseñaremos la manera en la que podrás optimizar tu tiempo y también estrategias para lograr ser y convertirte con el tiempo en un ser multidisciplinario capaz de llevar a cabo diferentes actividades que te acerquen a tus objetivos. Este punto será tratado con especial cuidado ya que existen creencias que desmienten esta gran verdad y los defensores de la disciplina enfocada a una sola actividad alegan que no se puede lograr ser bueno en muchos ámbitos. Demostraremos que el enfoque correcto es el mostrado y te enseñaremos a llegar a él.

Más adelante, una vez que entendamos el nivel de compromiso necesario para poder abordar los objetivos a lograr, dedicaremos un capítulo a mostrar cómo lograr los cambios necesarios para la realización de dichas metas a través del compromiso.

Iremos dando a lo largo de todo el libro una serie de pautas y sobre todo de reflexiones con las cuales esperamos poder brindar el camino necesario para que ustedes, nuestros queridos lectores den el cambio que tanto esperan en su vida.

Capítulo 1

Procrastinación

Haremos el primer capítulo de este libro enfocado a un mal o inconveniente que se presente ante la mayoría de personas que tienen en su mente un proyecto, plan o que simplemente se ven truncadas por la imposibilidad de realizar una actividad por miedo o pereza de enfrentar el hecho.

La procrastinación es una acción que muchos de los seres humanos hemos estado llevando a cabo sin saber desde que hacemos uso de razón. La acción consiste en posponer una actividad de manera intencionada, realizando en su lugar un grupo de tareas que no tienen nada que ver con lo que originalmente tienes en mente.

Otra definición un poco más técnica de procrastinar, postergar o posponer es dejar de lado una actividad para realizar en su lugar otra que resulte más agradable o menos complicada por miedo, pereza, careciendo la misma de relevancia. Es importante destacar que la procrastinación es un trastorno psicológico, aunque es ligero tiende a ser considerado como uno ya que trae consigo problemas más severos como lo pueden ser la ansiedad, depresión, síndrome obsesivo compulsivo, entre otros.

Tipos de procrastinadores

Dentro de los procrastinadores existen diferentes tipos o géneros los cuales vamos a describir para que sepas cuáles son y la manera en que podrás evitar ser parte de alguno de ellos.

El procrastinador perfeccionista: Este tipo de persona es el que busca de manera sistemática evitar cualquier tipo de error ocurrido durante la realización de la actividad que lleva a cabo. Esto lo hace por miedo a ser juzgado o avergonzado, por lo que invierte una cantidad absurda con el fin de no cometer ningún error. Esto, aunque puede hacer parecer que un individuo le gusta realizar la actividad, lo cierto es que por realizar tan eficientemente una actividad, terminan consumiendo todo el tiempo del que disponen y se enfocan en partes del proceso que realmente no son importantes, lo que lleva a apresurar la actividad cuando queda poco tiempo y por ende conllevando a una mayor posibilidad de cometer errores.

El procrastinador impostor o "hace todo": Es el tipo de persona que procrastina más peligrosa si se encuentra en un trabajo importante. Su deficiencia en la ejecución de proyectos radica en creer que son lo suficientemente capaces para llevar a cabo múltiples tareas. Este tipo de procrastinadores tienen una forma de proceder en la que escogen una actividad a realizar y posteriormente deciden encargarse de todos los pasos que conforman el proceso. Seguramente tú, mi estimado lector; pensarás que esta es la forma correcta en la que las personas deben enfocar sus energías para lograr terminar una actividad, pero no es así y más adelante durante el capítulo dejaremos la acción correcta o serie de trucos necesarios para poder ser una persona productiva durante los proyectos que te acercarán a las diferentes metas planteadas.

El procrastinador miedoso: En este género de la procrastinación encontramos al clásico que todos conocemos y que seguramente hacemos. La procrastinación como tal hace referencia a la evitación de una actividad por temor a no saber cómo llegar desde el punto A hasta el punto B del proceso, si esto lo llevamos a la práctica entonces tendremos a una persona que evitará la actividad en su totalidad, lo que esto quiere decir es que, si comparemos a los primeros dos mencionados con este, la verdad es que el procrastinador miedoso es el más perjudicial para un entorno laboral y para sí mismos ya que evitan directamente evitar las actividades que le aquejan.

Problemas relacionados con la procrastinación

Ahora bien, una vez que hemos esclarecido algunos procrastinadores y las acciones que determinan su accionar, podemos hablar de los problemas que trae consigo la procrastinación. A continuación, dejamos los problemas más comunes que puede traer consigo evitar las actividades:

Primero tendremos como principal problema el más obvio y ese es que no estaremos cumpliendo con una actividad prioritaria. Aunque esto suene lógico, muchas personas omiten esto y es algo determinante si eres una persona que desea evolucionar de manera sostenida en el tiempo.

Imagina que durante un momento tú deseas aprender un nuevo idioma porque tu gran sueño es mudarte a otro país, pongamos de ejemplo Alemania. Entonces tu plan de acción debería consistir de manera muy general en reunir el dinero necesario para el viaje, papeleo y lo más importante, aprender el idioma (Si eres de habla hispana o inglesa).

Digamos entonces que tú realizas los procedimientos necesarios para el papeleo y también reúnes poco a poco mediante un plan de ahorros el dinero necesario para socavar todos los gastos, pero te genera cierto miedo iniciar con el idioma. Entonces estarás día tras día evitando el iniciar el aprendizaje de ese idioma, y muchas veces ni siquiera es por falta de habilidades o disciplina, sino que simplemente le temes a lo que se pueda presentar más adelante.

Con el tiempo dejarás de pensar que tu destino es mudarte a ese país, aunque lo hayas tenido originalmente como tu gran objetivo de vida, entonces estarás incumpliendo contigo mismo ya que, aunque tu sueño sea ese, por evitar de manera insistente lo que realmente facilitará tu llegada al país, terminas por dejarlo de lado y tal vez conformarte con otro destino.

Lo mismo sucede con las metas más a corto plazo, como es el caso de estudiar para un examen importante, por ejemplo. Digamos que empiezas a estudiar una carrera universitaria y no eres fanático de las áreas o ramas matemáticas y la carrera requiere de ellas, entonces no importa lo mucho que desees estudiar o ser un profesional de la carrera que deseas, al no tener la suficiente fuerza de voluntad para comenzar a cambiar tu posición hacia aquello que te aterra, no podrás avanzar.

Ansiedad y miedo: Este es el segundo mal que se presenta ante las personas que padecen o utilizan la procrastinación como medio para evitar las tareas.

La ansiedad se presenta en forma de preocupación ante todos los tipos de procrastinadores, pero por diferentes motivos. Para el procrastinador perfeccionista llega en el momento que siente que su tiempo se acaba si está llevando una tarea a cabo y consume todo su tiempo en el proceso sin llegar a finalizarlo, esto puede desprender de él una serie de pensamientos, entre ellos "No seré capaz de terminar todo a tiempo" "Es demasiado para mí, seguramente cometeré errores" y llegan a padecer trastornos de sueño o directamente a interrumpir su tiempo de descanso intentando buscar las mejores maneras de terminar el proyecto sin ningún error.

La ansiedad ataca al procrastinador que se cataloga como "hace todo" de una manera similar al anterior ya que, si una persona intenta acaparar demasiadas actividades, lo más probable es que tenga momentos en los que su energía no será suficiente para abarcar todas las áreas interdisciplinarias. Este tipo de procrastinador va a padecer de constantes miedos ya que sentirá que estará expuesto ante la crítica si no cumple con lo prometido por él mismo y quedará en evidencia que su ambición excede sus capacidades, es por este motivo que muchos de ellos se sienten ansiosos al momento de llevar a cabo tareas importantes y las evitan o dejan de lado por otras más sencillas.

Por otra parte, tenemos al procrastinador miedoso y este lleva su ansiedad a la parte social. El procrastinador que padece de temores simplemente se siente ansioso por no saber si realmente podrá cumplir con las labores que se ha planteado anteriormente. En su cabeza empiezan a rondar distintos escenarios que, aunque son necesarios para llevar a cabo estrategias, éstos los utilizan para crear exageradas reacciones de un problema lo que los lleva sencillamente a evitar la actividad porque en su mente ya fracasaron.

Depresión y falta de apetito: Este mal se presenta luego de que la persona está consciente de su condición y es de las que más consecuencias trae a los individuos. Una persona que realmente se sienta a pensar en el tiempo que ha perdido en lo que no es realmente importante por estar haciendo actividades que no lo edifican de manera constructiva llega a sentir una profunda tristeza ya que cuando repara en todo el tiempo perdido, sabe que es algo que no se recupera por lo que entra en un estado de depresión profunda y la mayoría de veces como no están preparados tampoco para hacer el cambio, quedan en un estado de autocompasión y llegar a hacer cosas como dejar de comer, dejar de dormir e incluso tienden a aislarse cuando piensan que han fracasado en la vida porque sus proyectos a corto, mediano y largo plazo no se cumplen debido a sus mismas acciones.

Mucho de los motivos o excusas que las personas utilizan para justificar la procrastinación es que dicen que el momento en el que deben hacer las cosas debe ser el propicio, debe ser el momento perfecto. Lo interesante de este tipo de pensamientos es que realmente no existe un momento u ocasión idónea para poder hacer algo, queremos dejar esto muy claramente ahora que está iniciando el libro porque es un error muy común creer que para poder realizar o iniciar un proyecto, debemos esperar el tiempo correcto. El tiempo correcto es aquel que tú decides como correcto, es aquel en el que te determinas a comenzar, porque en ese instante estas poniendo intención en aquello que deseas y no alargas al asunto.

La procrastinación es, de manera directa; un asesino silencioso de los sueños y las ilusiones. Una persona que se encuentre en un estado constante de postergación matará de manera inconsciente cada uno de los sueños que tenga y esto se debe a que, al ser seres humanos, aquello que nos define es la capacidad de evolucionar de forma constante y el hecho de terminar una actividad hace que las personas obtengan un refuerzo positivo (Cosa que veremos más delante en el libro) por lo que la posibilidad de padecer de un problema como depresión se ve disminuida.

¿Qué hacer para evitar la procrastinación?

Una vez que se ha demostrado los diferentes tipos de formas en las cuales puede presentarse la procrastinación y los problemas que esta práctica trae consigo debemos dejar un espacio para hablar de las pautas y soluciones que tendrás que llevar a cabo para poder dejar de procrastinar de una vez por todas.

Dentro de los pasos que podemos hacer para eliminar la procrastinación son los siguientes:

Organiza tu tiempo: Lo primero que debes hacer para evitar que la procrastinación sea un elemento constante en tu día a día es administrar tu tiempo. Las personas no saben la importancia que tiene organizar su tiempo y aquí le dejaremos bondades de organizar tu tiempo.

Debes hacer uso de una libreta, un App como el bloc de notas o cualquier otro medio que sirva para poder organizar tu día, pero lo vas a hacer de una manera diferente. Tomarás la página o páginas destinadas para la segmentación de tu día y actividades y vas a seccionarla por horas ya que en cada actividad que tengas durante el día vas a colocarle una cantidad de horas estimada dentro de las horas disponibles. Eso quiere decir que si duermes 8 horas diarias vas a disponer de 16 horas para hacer tus distintas actividades y vas a resaltar con algún color llamativo aquellas actividades que debes hacer de forma obligatoria para el cumplimiento de tus metas. La idea de hacer esto es empezar a crear responsabilidad y compromiso ya que es el primer paso para evitar la procrastinación durante los días venideros.

Tener marcada las horas en las que harás esa actividad en específico te dará el sentido de compromiso suficiente para poder empezar a poner intención y acción en la tarea, te puedes ayudar igualmente de algunos otros métodos que incrementen este primer paso como puede ser directamente decirle a alguna otra persona que te recuerde las horas importantes y que no te deje hacer otra cosa durante esas horas. La persona a la que le digas esto debe gozar de mucha responsabilidad y debe ser de tu absoluta confianza como lo puede ser tu pareja, tus padres, un hermano e incluso un amigo.

Elimina las distracciones: Este segundo paso haremos un refuerzo de lo anterior ya que una vez que hemos dedicado el tiempo para realizar las actividades prioritarias y también nos obligamos (Dicho de una manera bastante fuerte) a tomar acción, lo siguiente que puede ocurrir dependerá de qué tanto tiempo hayamos estado procrastinando, es decir; depende mucho de lo difícil que sea dejar de hacerlo. Si el caso no es muy severo lo más probable es que tomes tiempo para el ocio, lo cual no tiene nada de malo, todo lo contrario; podrías incluir en tu horario algo de tiempo para ello.

Lo que sucede cuando el hecho de procrastinar se vuelve algo grave, es que no sabes cuándo parar ni cuándo dejar de utilizar tiempo valioso para hacer cosas irrelevantes, en ese caso emplearás la técnica que ahora te mencionaré. Haciendo uso de la lista que generamos en el paso anterior, el siguiente paso será suprimir durante las horas de actividades importantes elementos distractores como son la televisión, el teléfono celular, la computadora si es usada para distraerse, etc. Cada uno de los elementos distractores serán alejados durante el tiempo que vayamos a emplear en la actividad escogida (prioritaria) y para esto haremos primeramente una promesa de alejamiento en la cual dejaremos de ser posible en otra habitación cada uno de esos elementos o seremos nosotros quienes iremos a otra estancia carente de dichos elementos para que de esta manera podamos estar seguros que el tiempo invertido será tiempo correctamente aprovechado.

Esto lo podemos hacer con algunas recomendaciones como pedir a un amigo que no nos deje usar el teléfono, pedir a nuestra pareja, hermano o nuestros padres que nos impidan ver televisión o usar la computadora en el tiempo establecido.

Define bien los pasos para lograr tus objetivos: Aunque tengas clara la meta y organices el tiempo en el que tendrás que poner manos a la obra para poder cumplir con todo lo que deseas, el no tener claro los pasos para llegar a ello hará todo más difícil.

Digamos que deseas construir una casa y tienes todo en mente, pero no tienes idea de por dónde empezar y comienzas a construir el techo. Suena bastante absurdo en un principio, pero este ejemplo demuestra lo que muchas personas hacen cuando quieren lograr algo.

Las personas que no definen de manera clara las pautas a seguir pueden llegar a tener suerte y lograr todo a la primera, pero la reproducibilidad de esta técnica es muy pobre, porque no se sabe si en un segundo o tercer intento la persona logrará de manera exitosa volver a lograr todo sin la mayor dificultad. En el caso de querer definir tus objetivos, existe algo que nosotros definimos como los 4 pilares fundamentales del desarrollo.

¿En qué se basa esto?

Los 4 pilares del desarrollo es una técnica utilizada en muchos ámbitos y es nombrado de muchas maneras por las diferentes personas, pero el principio es el mismo. Digamos que tú eres una persona con el objetivo de emprender en un nuevo negocio y para ello necesitas ciertas herramientas o habilidades, o digamos que simplemente quieres saber cómo llegar de tu inicio a la meta. Existen 4 preguntas (Los pilares) que debes considerar para que de esta manera se logre el objetivo y los 4 pilares se plantean de la forma que mostramos a continuación:

¿Qué herramientas o habilidades tengo para poder llegar a (Inserta tu meta aquí)?

¿Qué herramientas o habilidades me hacen falta para poder llegar a (Inserta tu meta aquí)?

¿Mediante cuáles procedimientos puedo llegar a adquirir esas habilidades o herramientas?

¿En cuánto tiempo podré ver resultados una vez que aprenda u obtenga los conocimientos necesarios?

Si tú sigues este procedimiento y haces el formulario que no toma más de 1 hora si lo ejecutas con consciencia, de allí saldrá una serie de pautas bien específicas sobre todo el proceso que deberás llevar a cabo para poder llegar a tu meta.

Delega aquello que no sabes hacer: Esto tiene mucho que ver con el tipo de procrastinador impostor. Si tienes en tus manos ya la serie de pautas a seguir y deseas además de ello avanzar de manera fluida por todo aquello que te hará llegar a tu meta, deberás saber desde ya que existirán algunas actividades que tú no podrás hacer y esto no tiene nada que ver con el hecho de procrastinar.

Eso último tiene que ver con el hecho de las facilidades que cada uno de nosotros tenemos como seres humanos. Esto se entiende muy bien cuando se habla de los estudios ya que existe una serie de temas y en cada uno de ellos existirá un grupo de personas que será bueno en unos y otros no, como también existirá otro grupo de personas que tal vez sea bueno en los temas opuestos pero que tenga deficiencias en el que el primer grupo es bueno. Entonces ¿De qué serviría en el caso de que tú seas malo en un área hacerte el mejor en ella teniendo a un posible colega y un equipo interdisciplinario? Te lo digo desde ya, no sirve de nada intentar cubrir áreas en las que no eres tan bueno si puedes delegar una función de este estilo y ahorrar tiempo.

Debes saber muy bien qué tipo de funciones delegar, para ello debes priorizar de tu lista de actividades aquellas acciones que harán que tu proyecto salga adelante y deberás también marcar cuáles de esas se te facilitan. De esta manera podrás delegar fácilmente aquellas en las que las personas de tu equipo se podrán desarrollar con tan solo una supervisión de tu parte para que todo se haga como deseas, en vez de tú debatirte entre hacer más de dos actividades ya que esto no siempre resulta bien. Si tú entiendes bien esto podrás empezar a cambiar tu ejecución y con ello avanzarás más rápidamente en la salida de ese mal hábito conocido como procrastinar.

Capítulo 2

Buenas decisiones

Este segundo capítulo tiene como objetivo centrarse en la toma decisiones como su nombre lo indica.

Una vez que hemos establecido lo que se considera como el asesino de los sueños, que hemos desglosado las causas principales de la procrastinación y además de ello determinamos los tipos de procrastinadores, dando posteriormente una serie de pautas a seguir para poder dejar de lado este mal hábito, podemos asegurar que la persona que ha llegado a este segundo capítulo del libro es un ser completamente diferente al que empezó leyendo el mismo.

Toca el turno ahora de hablar de las decisiones. Esto no se trata únicamente de establecer que las decisiones en la vida son importantes y determinantes, eso ya lo sabemos la mayoría. La idea de dedicar una sección completa a este factor se debe a que muchas personas van por la vida tomando decisiones sin pensar en las posibles consecuencias. Muchas personas llegan a ver las decisiones como algo que se toma a la ligera y no deben ser tomadas así y aquí te explicaremos la razón.

Otro punto que trataremos en este capítulo es la forma correcta de evaluar una situación en la cual tomaremos una decisión, porque, aunque todo en esta vida se basa directamente en las decisiones que tomamos, lo cierto es que existen muchas decisiones que nos acercan a nuestra meta y otras que nos alejan, así que hay que tener eso muy presente.

¿Qué son las decisiones?

Una decisión se puede considerar desde el punto de vista más básico y simple como una elección que se toma de la cual pueden desprenderse dos o más variantes, dictaminando un antes y un después entre un punto de tu camino y otro que es el que se conoce como meta. Esto puede verse reflejado en mayor o menor medida en tu vida teniendo impacto variable ya que como se ha mencionado anteriormente, las decisiones, aunque siempre están presentes en nuestra vida, son pocas las que realmente te acercan a tus objetivos.

Las decisiones en la vida suelen presentarse en cualquier momento, por lo que lo más sensato es estar preparado para cualquier eventualidad y de esta manera tomar la elección correcta. Al decir esto queremos recalcar durante esta parte del capítulo que no debemos vivir temerosos o paranoicos con la idea de que todas las situaciones las debemos de controlar porque este no es el objetivo del escrito, la idea es que ustedes, nuestros estimados lectores; gocen de un criterio fuerte y claro al momento de decidir sobre algunas de las situaciones que se presenten en su día a día.

Existen diferentes criterios que se deben tomar en cuenta al querer decidir sobre cualquier evento y esto tiene mucho que ver con ciertas prácticas que mencionaremos a lo largo del capítulo. Estas prácticas han sido llevadas a cabo por diferentes elementos exitosos y de los cuales te dejaré pruebas, además de mostrarte la forma en que una mala decisión puede destruir incluso una vida.

Como todo en esta vida y en este mundo en el que nos encontramos, existen tanto decisiones buenas como decisiones malas, es por eso que hacemos hincapié en este apartado ya que el poder de decidir correctamente va a influenciar directamente en el desempeño que tenga cada uno de ustedes en el futuro y en la meta que tengan pensada para ese futuro. Tomar las decisiones correctas no solo debe servir para vivir de manera armónica consigo mismo y lograr las metas, sino también para que el tiempo en el que se alcancen esas metas sea el más corto posible.

Si hacemos uso de una analogía para entender esto debemos imaginar que estamos transitando por un laberinto sin conocer su salida, pero que en casa vuelta existen indicios claros que marcan el camino correcto, entonces si nosotros decidimos seguir esos indicios estaremos reduciendo el tiempo en el que estaremos en este laberinto. Lo mismo ocurre entonces cuando una persona que está pasando por una situación decide, existe la posibilidad que tome una mala o una buena decisión y esto lo alejará considerablemente de la meta o como mínimo retrasará el tiempo en el que esa meta podrá ser cumplida.

¿Por qué decidir bien es tan importante?

Aunque esta pregunta fue respondida indirectamente en la sección anterior de este capítulo, queremos aclarar las razones por la cual decidir bien es tan importante y trae consigo satisfacción y bienestar a aquellos que toman el tiempo de llevar buenas prácticas en relación a su sistema de toma de decisiones.

Tomar decisiones acertadas te hará una persona mucho más sabia y esto conllevará a un estado superior de consciencia

Las personas que saben cómo tomar buenas decisiones inmediatamente entran a un estado de energía muchísimo más elevado y esto se ve reflejado en su salud, sus relaciones e incluso en su ámbito laboral. Tener la capacidad de discernir entre una mala y una buena decisión es el primer paso para convertirte en un líder y esto es lo que muchas de las personas quieren.

Cuando hablo de líderes no necesariamente esto tiene que referirse al líder de una empresa, de un negocio o líderes de un país, no se trata de eso… El ser un líder va mucho más allá de todo esto y puede centrarse en ser el líder de tu propio camino, de tus propias acciones y en definitiva de aspectos que anteriormente no podías controlar, ya que estás suprimiendo la posibilidad de obtener o generar contratiempos ya que asegurarás cada decisión como la mejor alternativa para aquello que estés haciendo en el momento.

Tomar buenas decisiones elimina problemas de ansiedad

Ser una persona que comprende las implicaciones tanto negativas como positivas de tomar una decisión, no tendrá problemas de ansiedad y esto se debe a que normalmente cuando estamos por tomar una decisión y pedimos tiempo para pensar, si no sabemos cómo saber elegir correctamente entre las opciones que se nos están planteando, posiblemente podamos desarrollar problemas psicológicos como lo pueden ser trastornos de sueño, ansiedad, nervios e incluso podemos llegar a desarrollar una fobia... "decidofobia".

Para el que no tiene conocimiento de esto, existe una fobia relacionada a la toma de decisiones y esta se denomina:

Decidofobia. *La decidofobia es el miedo irracional que se presenta cuando las personas temen de manera ilógica a tomar decisiones.*

Esto que estamos mencionando tiene un trasfondo que va mucho más allá de lo que algunas personas creen y es que cuando los que padecen este mal manifiestan esto es porque tras ellos ha existido un historial de malas decisiones que han traído consigo consecuencias realmente fuertes, por esa razón; cuando una persona es diagnosticada con este mal, lo primero que debemos entender es que tal vez nunca han tenido a un guía en su vida o algún material al menos que les explique la mejor manera de tomar decisiones correctas.

Tomar buenas decisiones da una sensación de éxito y motivación

Por un minuto quiero que te sientes a pensar en todas las veces que has pensado en hacer algo y cuando lo haces te sientes bien, como una especie de brillo interior que cobra cada vez más y más fuerza… Bueno, todo esto se debe a que decidiste de manera correcta. Esto quiere decir que una persona que ha decidido erradicar las malas decisiones de su vida, contará con un mayor número de momentos que le entregarán esa sensación de satisfacción aunado al hecho que cada decisión bien tomada trae consigo seguridad y alegría.

Cuando una persona toma decisiones y es capaz de hacerlo sin cometer errores o evitando la mayoría de ellos, genera algo denominado momentum.

El momentum significa impulso, por su traducción más literal y concisa. Las personas que son capaces de generar impulso tienen la bondad de convertirse en seres imparables cuyo fin es el de evolucionar de manera progresiva con el tiempo.

Imagina por un instante que tú necesitas aprender a realizar una parada de manos y todos los días practicas con la firme intención de lograr esto y un día logras pararte de manos por lo menos durante 3 segundos. Aunque parezca poco déjame decirte que has logrado un avance importantísimo en relación a tu momentum ya que ese pequeño tiempo que estuviste de cabeza va a hacer que tus ganas por intentarlo al día siguiente o en ese mismo instante, crezcan.

Esto mismo sucede cuando tomas decisiones correctas, el hecho de acertar en una te hace querer probar tus límites y aprender más de ti mismo, porque es la manera más viable en la que podrás seguir generando impulso. Hay algo muy curioso que ocurre al momento de generar impulso es que, al principio, cuando estás iniciando un proceso nuevo (Como puede ser el de toma de decisiones) cuesta un poco, pero una vez que tienes éxito y logras generar momentum, todo lo que viene se hace más sencillo lo que termina generando un sentimiento de ambición por querer lograr más y más.

Proceso para identificar que el tipo de decisión que tomas es buena o mala

En esta sección vamos a mostrar una serie de pautas que servirán el tipo de decisión que tomas.

Muchas personas desean dar un cambio a sus vidas o desean directamente avanzar de manera fluida sin necesidad o evitando en mayor medida los errores que puedan cometerse al momento de escoger entre dos o más alternativas. Si bien es cierto que una persona cometerá errores, tendrá caídas, etc. Lo cierto es que evitar algunos que son más obvios o evitar situaciones que directamente se ven que acabarán mal te hará agarrar experiencia y te dará cierto grado de madurez y compromiso a nivel individual.

¿La decisión que estoy por tomar me genera verdadera satisfacción o es un sentimiento momentáneo?

Esta primera pregunta es el primero de tres pasos que se realizan con la firme intención de evitar completamente la reincidencia en errores y esto se debe a que ha sido estudiado por diversos psicólogos. La técnica de los 7 niveles de profundidad consta de tres partes o pasos que aseguran el éxito en la toma de decisiones, pero primeramente debemos pensar en la pregunta que está más arriba de este texto.

Si tú eres una persona con un grado más alto de consciencia debido a lo que has leído hasta ahora, sabrás que existen decisiones que generan un sentimiento vacío de alegría y existen otras decisiones que por su naturaleza nos proveen de un regocijo genuino. Estas últimas son las que debemos procurar cometer o tomar para poder dar pie al siguiente paso que son 7 niveles de profundidad.

Tienes que tomarte unos 5 minutos de tu tiempo, no debe ser mucho tiempo; no existen respuestas equivocadas ya que la pregunta será respondida una segunda vez con el ejercicio posterior. En estos cinco minutos vas a analizar las razones por las cuales la decisión que estás por tomar te hace realmente bien o es todo lo contrario. Durante este tiempo harás un esbozo de pros y contras de tomar esa decisión, harás escenarios hipotéticos sobre lo que pasaría si tomaras una decisión u otra y con ello podrás responder a la pregunta de manera más objetiva.

Si haciendo este ejercicio aún tienes dudas sobre la decisión que estas por tomar, entonces te invito a realizar el siguiente ejercicio con el fin de realmente obtener respuestas más concretas.

Los 7 niveles de profundidad

El ejercicio que estás por aprender ha ayudado a miles de personas y es la razón por la cual este proceso es tan efectivo. El tomar buenas decisiones se basa en la reflexión, pero este tipo de reflexión no debe ser profunda en esencia ni debe tomarte horas ya que la manera en la que debes agilizar el proceso consta de decisiones tomadas al instante, pero considerando de forma fácil y sencilla todos y cada uno de los contras que esta pueda tener o en caso contrario los beneficios de elegir ese camino.

Harás uso de una hoja de trabajo en la que anotarás las siguientes preguntas:

¿Por qué es tan importante que yo consiga o haga (inserte el motivo de la decisión aquí)?

Deberás empezar tu declaración de intención de esta manera: **Porque yo quiero (Inserte la razón de tomar esa decisión)**

¿Y por qué es tan importante eso (Refiriéndose al motivo que dio respuesta a la primera pregunta)?

Deberás responder a esta nueva pregunta con otro motivo diferente y en este momento quiero que sepas que cada uno de los motivos que tendrás para responder a todas las preguntas, deben venir del corazón. No pienses demasiado en dar una respuesta correcta porque los verdaderos poderes de estos ejercicios residen en respuestas honestas y que no sean generadas luego de un pensamiento muy grande o profundo porque en la repetición está el éxito y ya verás que es cierto lo que aquí te mostramos.

Luego de hacer la segunda pregunta y responderla iremos haciendo preguntas con el mismo inicio y cambiando los motivos por las respuestas anteriores de manera análoga a como hicimos con la primera pregunta hasta que se haya completado un ciclo de 7 preguntas con 7 respuestas. Por ese motivo el nombre de este ejercicio tan poderoso se llama los 7 niveles de profundidad.

Aunque parezca algo tonto y muchas veces difícil de tomar en serio, te pido que lo hagas ya que el hacerlo arroja conclusiones muy profundas sobre las verdaderas intenciones de nuestras motivaciones y te daré un ejemplo.

Digamos que por un momento yo quiero hacer el ejercicio diciendo o empezando a decir que quiero tener mucho dinero.

-	La primera pregunta sería entonces ¿Por qué es tan importante para mí tener mucho dinero? Y la respuesta que se me viene a la mente es: Porque quiero comprarme muchas cosas.

-	La segunda pregunta es ¿Y por qué es tan importante para ti comprarte muchas cosas? La respuesta será: Porque no quiero que en el futuro mi familia o yo pasemos trabajo.

-	Tercera pregunta: ¿Y por qué es tan importante que tu familia o tú no pasen trabajo? La respuesta será: Porque mis padres me han dado todo y deseo darles lo mejor.

-	Cuarta pregunta: ¿Y por qué es tan importante darles lo mejor? La respuesta sería: Porque quiero que ellos sepan que he logrado mucho con lo que ellos me han enseñado.

-	Quinta pregunta: ¿Y por qué es tan importante que ellos sepan lo que has logrado? La respuesta será: Porque quiero que se sientan orgullosos de mí.

-	Sexta pregunta: ¿Y por qué es tan importante que ellos se sientan orgullosos de ti? Respuesta adecuada: Porque no quiero que mis padres vuelvan a sentir decepción de mí.

-	Séptima pregunta: ¿Y por qué es tan importante que tus padres no vuelvan a sentir decepción de ti? La respuesta final y el motivante para que tomes la decisión de hacer ese dinero será: Porque mis padres son la razón de mi existencia y los amo con todo mi corazón, y deseo poder mostrarles que lo hicieron bien al criarme.

Si te fijas bien la pregunta que sirve para decidir si tienes que empezar a buscar mecanismos para hacer dinero, tiene en principio una respuesta bastante superficial. Lo que sucede al preguntar frecuentemente los motivos por el cual queremos hacer algo e ir avanzando y cambiando el motivo es que, en cada respuesta, de manera subconsciente se va bajando un peldaño en lo que sería la escalera de profundidad, es por eso que hacer esto arroja respuestas tan interesantes y profundas sin necesidad de que tome mucho tiempo.

Declaración de intención: Como último punto de este ejercicio tan práctico haremos lo que se conoce como el cierre o declaración de intención. Esquematizando el proceso entonces se realiza la identificación de la decisión que deseas tomar, determinas la motivación de tomar esa decisión y si cumple con lo necesario para decantarse por la realización a manera de proyecto, entonces se puede proceder de manera inmediata a cerrar todo con una carta, un escrito realizado con tu puño y letra en el que te comprometes a conseguir llegar a la meta, por el motivo que has encontrado como más profundo y para ellos lo escribirás de la siguiente manera.

"Yo (Escribe tu nombre y apellido) me comprometo mediante la siguiente carta a cumplir con (Inserte la meta aquí) por el motivo siguiente: (Inserte el motivo) y

lo haré porque con esto estaré dando pasos hacia mi meta y hacia una mejor versión de mí mismo"

Esto debe ser escrito con tu propia mano para dar mayor fuerza y por último firmarás en la parte inferior colocando de igual manera la fecha exacta de la realización del documento. Esto tiene un poder enorme ya que cada vez que sientas que debes desistir de algún proyecto relacionado a tu meta, el leer este escrito que tiene la intención hecha por ti mismo te hará ponerte de pie, continuar y salir adelante.

Decisiones que marcaron un antes y un después en la historia

Como en este libro nos remitimos a las pruebas concretas y no sólo a conjeturas, a continuación, dejamos algunos ejemplos de decisiones bien tomadas y otras que por su naturaleza arruinaron a quienes las tomaron.

Jonas Salk: Tal vez no hayas escuchado de este virólogo nacido en New York, pero su decisión de poner su cuerpo y alma al estudio y posterior formulación de la cura contra la polio salvó innumerables vidas cuando por fin se desarrolló la misma en 1955. La decisión tomada por el virólogo salvó entre muchas personas al presidente de los Estados Unidos Franklin Roosevelt. Al preguntársele por la patente de la vacuna el hombre dijo y cito: "No existe una patente. ¿Se puede patentar el sol?" y esta fue la segunda decisión más importante que pudo tomar, el aportar al mundo una cura contra la enfermedad y no pedir nada a cambio.

Albert Battel: Este segundo personaje histórico es reconocido por el mérito de tomar la decisión correcta y oponerse a lo que su gobierno y las ideologías nazis pensaban que era correcto y con permiso de su superior impide el paso a la ciudad de Przsemyls bloqueando el paso con amenaza de muerte a quien intente tomar la ciudad para llevar a campos de concentración a los judíos que se encontraban allí, logrando evacuar a 100 personas durante la segunda guerra mundial.

Mark Zuckerberg: De esta lista es el más conocido y tenemos que admitir que, aunque en primera instancia su decisión de abandonar sus estudios podría parecer mala, el hecho de contar con herramientas y habilidades relacionadas al nicho que quería generar, hizo que revolucionara el mundo de la comunicación mediante la primera red social de alto impacto.

Edward John Smith: Está en la categoría de personas que tomaron una mala decisión al ignorar las constantes advertencias de icebergs lo que provocó la hundida del Titanic.

Henry Tandey: Este caso es un poco debatible, pero si hablamos de decisiones, existen algunas que no sabemos que serán malas o perjudiciales e igualmente al estar en nuestras manos son responsabilidad nuestra. En el caso del soldado llamado Henry Tandey es así, siendo que en la primera guerra mundial le perdonó la vida a un soldado herido de origen alemán, quien se sabría más adelante que era el mismísimo Adolf Hitler.

Capítulo 3

Actuar como loco

Ya aprendimos la manera de tomar decisiones, pudimos enfocar esa energía de manera correcta y por ende sabremos que sea cual sea el proyecto que tengamos en mente y que queramos ejecutar lo cumpliremos de manera eficiente y exitosa gracias a los dos primeros capítulos del libro. Recuerda que este escrito tiene como finalidad transformarlos a ustedes, nuestros estimados seguidores; en unos individuos evolucionados cuya capacidad de realizar tareas, tomar decisiones y cumplir metas sea mucho más elevada de lo que era en un inicio.

El título que tiene el presente capítulo podrá sonar un poco descabellado y fuera de lo que tenemos como objetivo, pero te iremos explicando la razón de "actuar como locos" en pro de conseguir aquello que más deseamos. El ser una persona intencionada es fundamental para lograr concretar un logro con éxito, pero para que esto suceda te debes volver una persona competente en múltiples disciplinas al mismo tiempo y permíteme explicarte.

Anteriormente cuando hablamos de la toma de decisiones y la procrastinación se hizo mucho hincapié en evitar a toda costa realizar demasiadas actividades con la finalidad de no saturar nuestro tiempo y al final terminar logrando muy poco o nada. Pues bien, este apartado tendrá como propósito enseñarte las maneras de optimizar tu tiempo y enfocar tu atención a varias tareas interrelacionadas para de esa manera poder llegar a la meta rápido y de manera correcta.

Caminos a seguir para llevar a cabo acciones

Lo que diferencia un sueño de una meta es que las metas son sueños con un plan o al menos una idea de los pasos y habilidades necesarias para llegar desde un punto denominado partida a otro que es la meta ansiada. Dicho esto, es primordial comprender que, para poder alcanzar cualquier meta, se pueden tomar dos caminos si los estudiamos desde el punto de vista de la velocidad y estos son: **Caminos perfectos y caminos eficientes**.

Caminos perfectos: Los caminos perfectos son aquellos que toman aquellas personas que dedican el 100% de su atención a una labor en particular hasta que se sienten completamente satisfechos con ella. La vía perfeccionista suele arrojar resultados extraordinarios y garantizan el éxito del proyecto, pero esto tiene ciertas desventajas.

Imagina por unos minutos que tu trabajo se relaciona con el mundo de las artes, un ebanista, por ejemplo. Si te dedicas con absoluta atención al detalle en la realización de piezas de gran calidad, posiblemente escoger este tipo de camino (El de la perfección o casi perfección) será la mejor alternativa ya que estarás vendiendo calidad y obras únicas.

Ser una persona perfeccionista puede ser en muchos casos algo beneficioso ya que la excelencia siempre será un gran referente en los casos de presentarse como la mejor opción para un puesto laboral, por ejemplo.

El problema es que enfocarse en alcanzar la perfección ralentiza el tiempo de obtención de las metas o conclusión de los proyectos que se tengan en mente. Esperar largos periodos para ver resultados no es algo que la mayoría de las personas estén dispuestas a tolerar, por lo que la mejor opción es el segundo camino el cual se adapta a la filosofía de "actuar como loco".

Camino eficiente: El camino eficiente es la segunda variante que podemos tomar y es la mejor manera en la que se puede avanzar activamente en un proyecto y te mostraremos las diferencias y ventajas de esta vía. Para empezar, tenemos que decir que la eficiencia y la excelencia pueden ir de la mano siempre que sepamos administrar el tipo de actividades que se harán en un tiempo estimado como se hizo en el capítulo anterior.

Cuando tomamos la decisión de realizar o iniciar un proyecto debemos tomar en cuenta que durante el camino existirán distintas acciones que deberán ser tomadas y el camino de la eficiencia se apoya en el concepto de optimizar el tiempo y aprovechar las habilidades que tenemos para poder eliminar los tiempos de baja productividad e inactividad. Entonces el camino de la eficiencia representa una alternativa mucho más orientada al estilo de lo que ustedes están buscando.

Pautas a seguir para poder "Actuar como loco"

Una vez que tenemos en conocimiento los caminos que podemos tomar para poder llevar a cabo una meta o serie de metas y tenemos también presente que el mejor tipo de camino para poder lograrlas es el camino eficiente por las múltiples bondades que representa ante nuestras necesidades, daremos una serie de pautas a seguir para poder empezar a tomar esta filosofía denominada "actuar como loco".

Planifica tus actividades: Como primer punto o pauta a seguir para poder comenzar a tomar la ruta de actuar como loco debemos saber cuáles actividades son las más importantes o aquellas que nos llevarán a concretar una meta en específico. Anteriormente hicimos una estructuración o cronograma y este nos puede servir de mucho ya que este primer paso tiene mucha similitud con él.

Así como en el pasado tomaste un tiempo para hacer un horario con actividades en él de forma detallada, aquí harás una lista de la siguiente manera:

Pondrás al inicio de la lista el punto en el que te encuentras y dejarás unas 10 líneas (O el espacio que creas que necesitarás para colocar actividades más detalladas del proceso) para colocar de último la meta a la que deseas llegar.

El hecho de realizar una lista te da directrices claras del lugar donde te encuentras y hacia dónde vas, y esto es muy importante por lo siguiente. Cuando una persona desea lograr la conclusión de ciertos proyectos, en la evaluación del proyecto se deben contemplar ciertos parámetros de actividad para poder garantizar que se realizará sin los mayores contratiempos posibles.

Dentro de las mayores dificultades que se pueden encontrar durante la ejecución de una obra de desarrollo, bien sea personal, financiera, global o grupal, el tiempo viene siendo el mayor enemigo de todos los anteriores mencionados. Cuando no se optimiza el tiempo y se procede a actuar sin analizar, cometemos errores y esto inevitablemente nos quita tiempo.

Algo que queremos dejar claro en esta sección es que actuar como loco no significa actuar sin pensar, ya que el método se basa en realizar múltiples actividades de manera continuada sin parar o con el mínimo tiempo de ocio posible para conseguir aquello que ansiamos, pero si hacemos cosas sin pensar únicamente estaremos gastando energías y situaciones infructíferas.

Realiza un estudio de las habilidades que posees: Como segundo paso necesitarás hacer un listado de las habilidades que posees y que pueden ser de utilidad al momento de llevar a cabo el proyecto que tienes en mente. Este punto es primordial porque determinará gran parte del tiempo que tendrás que estimar para tu proyecto.

Imagina por un instante que tú deseas poner en marcha un emprendimiento como una marca de ropa que se posicione en redes sociales. Deberás entonces tener en cuenta ciertos aspectos como diseño gráfico, posicionamiento en redes, crecimiento orgánico, marketing digital o email marketing. Entonces digamos que de esas 5 habilidades posees al menos el 60% de ellas, eso es muy positivo ya que no tomará para ti demasiado tiempo organizarte y lanzar tu nueva marca.

Todo esto que acabamos explicar sirve para ejemplificar y enfatizar la importancia de tener a mano una lista con aquellas habilidades que poseemos. Si para la meta que tenemos planteada poseemos pocas habilidades entonces el plan de acción será completamente diferente al ejecutado por alguien que posea más herramientas desde el inicio; pero de eso hablaremos un poco más adelante.

Realiza un estudio de las habilidades que necesitas: Luego que tengas en tu lista los pasos que necesitas para poder llegar a tu meta y las habilidades que posees, es sumamente importante que determines qué habilidades necesitas para cada uno de los puntos descritos en el paso anterior.

En otra hoja de trabajo quiero que ustedes (tomando en cuenta el número de pasos anteriores) coloquen el número de pasos, pero solamente con el número y al lado de cada número "Habilidades necesarias". Con cada paso enumerado y el título correspondiente, quiero que subdividas cada paso en habilidades necesarias, para cada paso puede ser más de una habilidad así que no te limites en este apartado.

Debes ser bien explícito al momento de plantear tanto las habilidades que posees como aquellas necesarias ya que mientras más detallado sea el camino menos contratiempos encontrarás por falta de atención.

Dentro de las habilidades necesarias deberás tomar en cuenta aquellas que son de carácter tanto profesional como social y también financiero. Esto que digo lo aclaro porque muchas veces las personas creen que se trata de enfocar su energía en determinar cuáles tareas necesitan sin tomar en cuenta que para que un proyecto se lleve a cabo necesita generalmente de los tres pilares básicos de la planificación y ejecución de objetivos. Estos objetivos son del tipo profesional, laboral y financiero.

Diseña diferentes alternativas de acción: Para que la meta que tienes en mente se pueda materializar debes tener presente que los inconvenientes se van a presentar, aunque tengas contemplado los diferentes escenarios que se puedan presentar. Si tú llegaste hasta esta parte de la lista e hiciste de manera consciente los anteriores apartados te sorprenderá igualmente el hecho de presentar pequeños problemas durante o paso o varios aun cuando te tomaste el tiempo de detallar cada una de las habilidades que necesitas o que posees.

Para poder evitar esto debes idear una serie de alternativas u opciones que tengan diferentes caminos con la idea de poder solventar cualquier contrariedad que se pueda presentar.

Para entender mejor esto te pondré a continuación un ejemplo con el que podrás entender mejor este concepto.

Si tu meta es conseguir bajar de peso por cuestiones de salud y estética, tu primer paso sería realizar una lista en la que pongas tu peso actual y posterior a ello coloques el peso que deseas alcanzar. Luego de esto colocarás dentro del punto A y el punto B que deseas alcanzar la serie de pasos a conseguir, eso vendría siendo "Dormir 8 horas", "Aprender a alimentarme bien", "Ejercitarme bien", "Llevar control del peso", "Dejar los vicios", por ejemplo.

Una vez que hemos conseguido enlistar aquello que creemos que son las actividades importantes (Tanto las que necesitamos como las que poseemos) es momento de generar alternativas. Si tú por ejemplo sabes de nutrición, comprenderás que la dieta compone no solamente una vía, puedes optar por dietas keto, dietas flexibles, ayunos intermitentes y cada una de estas alternativas pueden optimizar de manera eficiente el tiempo de ganancias.

Ahora bien, esto solamente es en referencia a un solo punto de la lista, pero puedes utilizar este enfoque a cada uno de los pasos que tienes en tu lista para así poder tener rango de acción y evitar así el estancamiento y posterior fracaso.

Trabaja de manera constante y con tu mente en el resultado: Si tú ya pusiste en movimiento el plan para lograr una meta y ya tienes cubierta cada una de las pautas anteriores, es imperativo que mantengas en mente el resultado, sobre todo en aquellas actividades que no te generan placer realmente cuando las llevas a cabo.

Para poder lograr mantener el foco, es importante que definas bien las motivaciones que tienes para poder llevar a cabo un proyecto así que por eso es primordial que recuerdes el capítulo anterior y lleves a cabo los 7 niveles de profundidad. El tener definido todo lo que necesitas para poder llegar a tu meta es muy enriquecedor, pero cuando tienes en mente la razón de todo ello te vuelves imparable.

Cuando estamos en sintonía con nuestros objetivos y la motivación para lograr cada uno de ellos, existe un impulso extra que nos ayudará a realizar actividades que no tenemos ganas de hacer y esto se debe a que el ser humano es un ser de sentimiento, eso quiere decir que muchas veces hará las cosas o dejará de hacerlas simplemente porque dentro de su actuar existirá una mayor influencia de su estado de ánimo, pero eso lo hablaremos más adelante.

Factores que te impiden "Actuar como loco"

Para terminar con este capítulo existen dos temas que inciden directamente en la filosofía denominada "actuar como loco" y esto tiene que ver con lo más perjudicial para tu meta. Los dos elementos que tienen que ver directamente con el cumplimiento o no de tus metas son: Ganas de hacer las cosas y cosas que no podemos hacer por más que podamos. Vamos a plantear soluciones para cada uno de estos males y explicaremos cómo influyen en nuestro método de "actuar como loco".

Ganas de hacer las cosas: Dicen que el peor enemigo de una persona es su propia mente, y esto es muy cierto ya que cuando tienes algo que deseas realizar, la única persona que puede detenerte eres tú mismo. Cuando se habla de este tópico existe un método para poder acabar de raíz con este mal y se denomina el vehículo de la decisión.

El vehículo de la decisión es un proceso que permite a las personas realizar actividades que no desean hacer, el único requisito necesario para poder llevar a cabo este método es que la persona posea habilidades para realizar la acción.

Anteriormente se habló del ser humano, dijimos que nosotros los seres humanos somos seres emocionales y esto tiene que ver con el punto que estamos tratando en esta parte del libro. Cuando una persona se denomina pasional quiere decir que su desempeño dependerá netamente del estado de ánimo y la emoción que sienta en ese instante. Si tú eres una persona de este tipo, cuando amanezcas feliz querrás enfrentar cada una de las actividades que tengas pendiente para la culminación de un objetivo, pero ¿Qué sucede cuando no amaneces del mejor ánimo? Bueno, ese es un problema muy grave ya que hará que tu crecimiento no sea completamente lineal y allí es cuando entra en juego lo que se denomina como el vehículo de la decisión.

Para personas cuyo desempeño se lleva a cabo de acuerdo a las emociones, el accionar se lleva mediante una ruta de Emoción/acción/Sentimiento. Esto quiere decir que cuando una persona trabaja de esta manera, antepone el sentimiento primeramente lo que le hace actuar en pro de su beneficio y el culminar la actividad lo lleva a sentirse de cierta manera. Esto podría sonar excelente si siempre nos sintiéramos bien, pero cuando nos sentimos mal podemos anteponer ese sentimiento, puede ser tristeza, angustia o ira y eso seguramente hará que nuestra persona no quiera llevar a cabo la acción, lo que terminará haciendo que nos sintamos mucho peor.

Para evitar esto, el vehículo de la decisión se debe hacer de tal manera que se vea como Acción/Motivación/Sentimiento. Para quien no entiende de manera clara a que nos referimos, esto quiere decir que antes de pensar en cómo te sientes, te vas a obligar de cierta manera a llevar a cabo las acciones que debes durante el día así no desees hacerlo, esto hará que cuando tus ejecuciones surtan efecto te motives indirectamente y al final de la labor puedas generar ese sentimiento de satisfacción.

Esto puede sonar un poco absurdo al principio y hasta imposible de lograr, es cierto; en un inicio suena complicado de lograr, pero créeme que es posible y la manera correcta de poner orden a tu vida.

Si no sabes cómo hacerlo, busca quien lo haga como tú quieres: Otro de los factores que puede afectar el que una persona no concrete sus metas es que directamente no sabe cómo llegar a ella o no dispone de las herramientas y esto tiene una solución muy sencilla pero primero hablemos de lo que sucede cuando una persona está en esta diatriba.

Las personas que están llevando a cabo una meta, sobre todo si se trata de grandes proyectos; estarán en la problemática que ahora nos ocupa y esa es, no saber cómo llevar a cabo algunas tareas. Antes de iniciar con esta parte del libro les hicimos escribir una lista con habilidades que necesitamos y otras que poseemos en cada uno de los pasos necesarios para la realización de un proyecto, pues bien; en este caso haremos uso nuevamente de esa lista porque tanto en las habilidades necesarias como las que poseemos habrán actividades que son un poco menos prioritarias que otras y es completamente a nuestro juicio, con ese grupo de actividades vamos a hacer lo que se conoce como **Realización/Delegación.**

El método que hemos comentado anteriormente es muy sencillo y para ponerlo en práctica tenemos que enfatizar primero aquellas labores que no sabemos hacer, aquellas actividades que realmente nos cuestan o que simplemente no tenemos que hacerlas nosotros mismos porque carecen de relevancia dentro del grupo de acciones que tenemos que llevar a cabo.

Algunas consideraciones son las que se deben tomar en cuenta para que puedas determinar lo que haces y lo que delegas. Dentro de la lista de acciones a tomar, te enfocarás primero en aquello que debes aprender o en aquellas habilidades que necesitas para llevar a cabo un proyecto, luego de ello te fijarás en aquello que es sumamente importante. Una vez determines esto, vas a decidir qué puedes aprender en un lapso corto de tiempo y qué no, ya que lo que no puedes aprender rápidamente deberá ser delegado a otra persona.

Tienes que aprender esto desde el inicio, una actividad o meta es más fácil de lograr con un equipo interdisciplinario, eso significa que habrá actividades que no tendrás que llevar a cabo tú únicamente, sino que dentro del espectro de tareas podrás dejar en manos de otro lo que no tienes tiempo para hacer.

Importante que para dejar en manos de otro una labor, esta persona debe lograr con al menos un 80% de precisión aquello que tú deseas, si hace al menos el 80% de lo que tú quieres y como lo deseas, puedes confiar en esa persona.

Esto de delegar o hacer tú mismo lo puedes aplicar tanto a lo que no sabes hacer como a lo que sabes, ya que, aunque sepas hacerlo no significa que debas encargarte tú mismo. Existen dentro de las metas cosas que influyen, pero pueden ser realizadas por un tercero mientras tú enfocas tus energías en acciones que te generen mayores ganancias.

Capítulo 4

De 0 a 100

Para este capítulo quiero que pienses por un momento en lo que hemos visto hasta ahora, desde el inicio hablamos de las distracciones, ese gen del mal que afecta a muchas personas alrededor del mundo y que literalmente mata sus sueños, esto tiene muchísimo que ver con esto que trataremos ahora, pero primero haremos un pequeño análisis a cada uno de los aspectos que hemos estado tocando en el libro con el fin generar estrategias efectivas a los diferentes problemas que se pueden generar durante la fase de ejecución de los pasos para el logro de ciertos objetivos.

Los proyectos en general se componen de diferentes etapas, como toda acción o plan a mediano y largo plazo. Esto quiere decir que durante el camino a seguir y vías a considerar durante la realización de diferentes pautas, el individuo o individuos encargados de trabajar en la meta propuesta deberán estudiar el nivel de compromiso en cada fase con el objetivo de cumplir con cada uno de ellos y de esto se trata este capítulo.

El compromiso se puede definir como un nivel de medida a las ganas que cada uno de nosotros ponemos a nuestras actividades cada día. Es la forma en que muchas personas expresan el interés que diferentes partes de un todo pueden realizar actividades con una intensidad acorde para lograr la finalización de la misma y poder avanzar en otros aspectos.

Un proyecto puede dividirse en varias etapas y durante cada una de ellas el nivel de compromiso y energía implementada en cada fase dependerá de la misma en la que se encuentra la persona. Durante este capítulo estaremos detallando el proceso por el cual una persona puede pasar para la realización de una obra, plan o proyecto y daremos técnicas eficaces para poder focalizar la atención en cada parte.

Esquema de un proyecto o meta

Para que una idea se pueda llevar a cabo debe contar un esquema como se ha dicho anteriormente y esto se puede ver de manera resumida en los siguientes pasos: Conceptualización previa, idea general, evaluación de las alternativas, plan de acción, análisis de contingencias y ejecución del proyecto o arranque.

Conceptualización previa: Esta fase es la primera que comprende un proyecto y es la etapa que define tanto el objetivo como el punto de partida. Este escalón del proceso comienza o surge desde la idea u origen de la meta, esto puede generarse a partir de una simple idea, también puede venir de alguna aspiración que tengamos, de un trauma o decepción del pasado, pero lo importante es que tiene un origen simple y crece o se desarrolla más adelante.

Si hacemos un símil, podemos decir que la conceptualización previa vendría siendo como la etapa de gestación de un bebé, aunque no tiene una forma definida, es algo que sabemos que será grande y tiene potencial. Como toda idea, debe ser constantemente repetida y alimentada porque en la repetición está el éxito. Es prioritario saber que durante esta fase no debemos dar muchos detalles y por lo mismo requiere un nivel de atención bajo.

Idea general: Cuando llegamos a esta etapa hablamos de un planteamiento más sólido que el anterior porque se trata de dar forma a la idea. Si por ejemplo tu meta consiste en montar un negocio, ahora dirás de qué se trata, la ubicación, el producto a vender y el posible mercado.

Aunque muchas personas suelen decir que esta etapa no es del todo importante y que puede desarrollarse con un nivel de compromiso un poco mayor que lo anterior descrito, pero sin llegar a ser tan prioritario, lo cierto es que esto es la base de tu meta, así que como tal debe ser tratada. Poner mucha atención y compromiso a esta fase será determinante para el resultado final de tu proyecto.

Evaluación de alternativas: Una vez que ya tenemos una idea clara de aquello que queremos hacer debemos hacer una serie de consideraciones con las cuales podremos estudiar las posibles variantes que podremos tomar durante una etapa u otra. Tener en mente una serie de acciones secundarias a la mano no solo ayudará a que todo fluya más rápido, sino que también generará un enfoque sólido el cual podrá ser reproducible con el tiempo.

Este paso se puede considerar como la extensión del anterior ya que toma como base aquello que hemos realizado en la idea general para estudiarlo y así determinar qué tan buena es la idea que tenemos y la forma en como la realizaremos antes de poner en marcha dichos planes

Plan de acción: Ya con todo lo anterior estipulado queda realizar como siguiente paso un plan de acción que junta exactamente las tres pautas anteriores. Con esto queremos decir que se debe tomar en cuenta tanto la idea (partida y meta) los pasos intermedios y los posibles caminos a seguir para poder elaborar algo mucho más detallado y específico con el fin de tener los mejores resultados minimizando fallas. Esta parte del proceso puede hacerte mediante pruebas piloto para asegurar que se tendrá un resultado satisfactorio a escalas mayores.

No está de más recordar que en esta etapa el nivel de compromiso debe estar al tope para así poder obtener los mejores resultados.

Análisis de contingencias: Luego de que has completado y desarrollado un plan de acción completamente sólido y has realizado una prueba piloto, es momento de hacer un estudio de las contingencias que se han presentado con el fin de poder evitarlas al momento de desarrollar el plan a mayor escala. El plan de contingencias viene de este estudio por lo que es imperativo realizarlo sin falta, esto puede verse mejor con un ejemplo práctico por lo que te dejaré uno para que comprendas mejor el fenómeno.

Ejemplo: Si tu meta nueva es por ejemplo, dejar el cigarrillo (suponiendo que eres una persona con esa adicción), entonces lo primero que se hace luego de la conceptualización es la idea general, que en este caso sería ir espaciando las veces y las cantidades de cigarrillos a la semana mediante un cronograma con el fin de evitar las recaídas por ataques de ansiedad producidos por la abstinencia, posterior a ello tendrías que hacer el estudio de alternativas, diferentes opciones de bajo contenido de nicotina con el motivo de dejar su consumo y el plan de acción, que como lo dice la definición es poner en práctica el plan que tienes en mente tal vez por un par de semanas, para saber cómo te sientes con él. Entonces el análisis de contingencias es el resultado de todo lo que posiblemente salga mal durante esas dos semanas.

¿Qué puede ocurrir y cómo solucionarlo?

Durante esta etapa pueden ocurrir cosas como, padecer de abstinencia durante la primera fase del recorte de nicotina, sufrir tentación por estar cerca de ciertas amistades, puede ser que una de las alternativas no sea la mejor para ti y te haga sentir deprimido. Entonces durante el análisis de contingencias deberás llevar un control de qué aspecto de tu plan está fallando para corregirlo. De esta manera podrás tener un proyecto sólido para poder dar un arranque sin fallos y con alta probabilidad de éxito.

Ejecución del proyecto o arranque: Esta fase es la última del proyecto y consta de poner en práctica todo lo anterior con las correcciones del análisis durante todo el tiempo necesario para el cumplimiento de la meta. Ya en esta última fase el camino a seguir es claro y cuenta con diferentes planes emergentes en caso de que alguno falle.

Ahora bien, todo esto que acabamos de mencionar tiene la finalidad de demostrar que para que un proyecto se cumpla debe existir compromiso, debe existir interés de parte de cada individuo involucrado, no puede existir un compromiso a medias y de eso trata el capítulo. De 0 a 100 es la connotación que recibe el poder que tenemos cada uno de nosotros para poder aumentar de manera eficiente el nivel de compromiso en cada uno de los proyectos en nuestra vida, ya que si tú eres una persona ambiciosa podrás notar que muchas veces lo que nos retrasa o detiene en el cumplimiento de los objetivos es el compromiso. Anteriormente en el capítulo de "Actuar como loco" tuvimos la oportunidad de mostrar algo llamado el "vehículo de la decisión" en el que de manera implícita mostramos una manera de elevar nuestro nivel de compromiso a través de la realización "forzada" de una actividad.

De 0 a 100 trata este fenómeno desde un enfoque diferente y este es el de tratar a nuestros cuerpos como receptores de carga, como almacenes de energía, que podemos cargar y descargar a voluntad. Pues bien, siendo nosotros de manera análoga dispositivos que pueden recibir carga, podemos entender que las actividades del día a día pueden descargar y bajar esos niveles, lo que propicia un mal funcionamiento a la hora de realizar pasos que nos lleven a nuestra meta. Dicho esto, existen diferentes preguntas que ustedes se pueden hacer referente a este tema y en el presente libro se responderán a la mayoría de ellas.

¿Qué me quita energía?

La primera pregunta y la más lógica vendría siendo lo que te quita o resta energía. Esta pregunta es la que muchos de ustedes se hacen al comprender o querer tomar esta analogía y es comprensible ya que lo primero que deseamos hacer al querer plantear y cumplir metas, es eliminar todo aquello que nos resta energía. Entonces para poder dar el cambio debemos asimilar que aquello que nos resta energía puede venir desde varias vías y esas son del tipo: Personal, sentimental, laboral y amoroso.

Tipo personal: Los consumidores de energía del tipo personal son los más comunes y los más inevitables dentro de los 4 consumidores nombrados anteriormente. La razón de ser de esta afirmación es muy simple, y es que somos seres complejos. Una discusión con un familiar, una mala noche, un retardo a una reunión o simplemente pararse con el pie equivocado puede hacer que cualquiera se sienta descompensado.

El hecho de presentar problemas personales hace que cualquier actividad, por más sencilla que sea; se transforme en todo un reto y esto se debe a que durante la realización de la misma estaremos dispersos, nuestra atención y compromiso al llevar a cabo las distintas actividades será reducida por los factores anteriormente mencionados.

Tipo sentimental: Seguramente recuerdas que de esto hablamos en el capítulo anterior, en el apartado denominado "El vehículo de la decisión" hicimos hincapié a una serie de acciones que como seres humanos llevábamos a cabo impulsados por el sentimiento o emoción que sentíamos en el momento. Si bien esto fue desarrollado de manera detallada en el apartado anterior, queremos invitarlos a evaluar bien sus emociones porque muchas veces son las causantes de que nuestro compromiso e interés por realizar actividades se vea afectado. De ser el caso es importante volver al capítulo anterior para poder corregir este tipo de detalles y de esta manera continuar avanzando de forma lineal.

Tipo Laboral: Lo que sucede con este tipo de casos, es que la persona puede sentirse muy motivada, pero al llegar y experimentar ciertos inconvenientes en su trabajo, con compañeros o con su mismo jefe, siente que su energía durante el resto del día es muy baja. Esto es delicado ya que por lo general las personas suelen tener episodios de ansiedad y ese mismo malestar lo llevan consigo hasta sus hogares, impidiendo así que la persona pueda desempeñarse de manera óptima en sus actividades de índole personal que es donde se encuentra el verdadero crecimiento o en la misma oficina si su meta es convertirse en un trabajador más eficiente.

Tipo amoroso: Este es el último tipo de consumidor de energía y tiene algunas diferencias con los anteriores. Primeramente, tenemos que decir que se puede confundir con el de tipo personal ya que, al fin y al cabo, un problema con tu pareja, con tu novia/o, etcétera; puede considerarse un problema personal... Pero no es así.

Una persona cuyo problema o causante de la disminución de su motivación sea amoroso, tendrá una combinación de problemas personales y sentimentales. Eso quiere decir que además de presentar problemas como mal descanso, desatención y mal humor (En este caso la pareja) el individuo también presentará angustia, tristeza y disociación debido al hecho de encontrarse en disyuntiva con quien se supone que es su motivante cuando se siente decaído.

¿Qué te suma energía?

Una vez que entendemos aquellos factores cuya naturaleza es desgastante, es momento de hablar del caso contrario. Existen actividades o situaciones que te suman, así como hay actividades que te quitan energía. Esto es completamente normal ya que para todo en este mundo debe existir un equilibrio, un hecho debe coexistir con su contraparte y en este caso es así también. Las actividades que suman suelen ser bastante variadas y pueden venir para todos los gustos.

Una actividad muy positiva que puede generarte y proporcionarte mucha energía puede ser realizar ejercicio o esfuerzo físico. El entrenar, salir a correr, caminar activamente o andar en bicicleta genera una enorme cantidad de hormonas que son las responsables de hacernos sentir bien, entonces el hacer algún deporte nos hará sentir motivados y eso se traducirá en un mayor empeño al realizar las actividades, es decir en un mayor nivel de compromiso.

Puedes igualmente tomar tiempo para ti, tiempo en el que hagas actividades que te disminuyan el nivel de estrés, ya que un individuo relajado es un individuo productivo. Otro tip que le podemos dejar para compensar los niveles de energía es dormir periodos completos de 8 horas.

Muchas personas subestiman lo que un buen sueño puede hacer por ellos, pero se han realizado estudios en diversas partes del mundo y todos han sido concluyentes en que mientras el cuerpo cumpla con las 8 horas reglamentarias, estará física y psicológicamente en óptimas condiciones y concentrado en la actividad que se le presente.

Todo esto que hemos dicho ahora es para preparar el cuerpo para un ejercicio que nos hará elevar nuestros niveles de compromiso. Este ejercicio es muy poderoso, su alcance y efectividad es amplio y promete ayudar a personas desmotivadas o con poca dedicación a mejorar en este aspecto de su vida, mejorando así y facilitando los resultados que se van a obtener.

Método de aumento de energía interna

Haremos un ejercicio que promete elevar nuestros niveles de energía de 0 a 100 en cuestión de pocos días. Es importante entender que mientras mantenemos nuestros niveles de enfoque por encima del 90% durante más tiempo, la extensión o plazo para empezar a ver resultados se reduce de manera exponencial. Pasa algo muy interesante y esto guarda relación a lo que en aquel momento denominamos como momentum, ya que, si nosotros dedicamos nuestra energía como bien hemos comentado anteriormente a las actividades que sirven como vehículo o medio para el logro de nuestros objetivos, cuando menos lo pensemos estaremos parados al final del camino.

Entonces tomaremos el siguiente ejercicio con el cual aumentaremos nuestros niveles de energía, energía la cual usaremos para cumplir los pasos necesarios de nuestro gran objetivo.

Cierra los ojos e imagina que todo tu cuerpo es un recipiente y que éste se encuentra lleno a un nivel bajo. Establece un total de 10 niveles y de acuerdo a tu estado de ánimo en el que empezaste el ejercicio quiero que te imagines que visualmente o gráficamente coincide con tu estado de ánimo.

Quiero que ahora, si te encuentras en un nivel de 60% por ejemplo; respires de manera profunda tomando aire o inhalando durante 5 segundos y manteniendo ese aire dentro de ti durante 3 segundos. Durante esos tres segundos imaginarás que la barra de energía en la que se encuentra tu nivel de ánimo subirá una unidad y luego de esto exhalarás.

Ahora te encuentras en un 70% y debes sentir en ese momento que tu ánimo y energía han aumentado. Esto no es sugestión ya que de hecho estamos utilizando un método de respiración estudiado por maestros del yoga para lograr tal nivel de energía. Luego de eso repetiremos la inhalación y mantendremos hasta imaginar que la barra sube al 80% y luego exhalaremos.

Estando en 80% haremos un último respiro del ejercicio con lo cual llegaremos al 85% o máximo un 90%.

Una vez que lleguemos al 90% sentiremos que esa energía nos ayudará a comenzar el día. Es importante hacer esto durante la mañana para poder aprovechar toda esa energía que llegará a nosotros y en el párrafo siguiente daremos el motivo por el cual no llegamos aún al 100%.

La razón por la cual no tenemos que llegar directamente al 100% es porque no estamos acostumbrados a este ejercicio, realmente no sabemos cuál es nuestro máximo y sería como querer alcanzar el estado perfecto, lo cual no existe. Estos niveles deben servir como una referencia para poder llegar más alto cada día.

Luego de un par de semanas podrás incrementar el nivel de las respiraciones y con esto directamente el nivel de energía en el cual te encontrarás luego de cada ejercicio, la energía que se siente con esto es sumamente maravillosa y realmente está presente una vez que se logra entender el ejercicio, pero para que esto ocurra es necesario que seas consciente al momento de llevar a cabo el método, no podemos hacer esto distraídos ni mucho menos en presencia de ruido externo o distracciones. Para evitar lo anterior mencionado vamos a disponer de horas en la mañana muy temprano, si tienes hijos o pareja e intuyes que ellos pueden ser motivo de distracción te pido que por favor lo hagas 30 minutos antes de que tu familia se levante. Ese tiempo será más que suficiente para poder llevar a cabo la actividad y poder empezar el día con la mayor disposición de entregar el mayor nivel de compromiso a tus objetivos.

Recuerda que una persona siempre se va a medir por el nivel de compromiso que pone en sus responsabilidades, y si alguien es dedicado verá resultados en un tiempo mucho menor.

¿Estas disfrutando este libro?

Si estas disfrutando este libro y estas encontrando un beneficio en él, te agradecería mucho si puedo recibir tu apoyo

Espero que puedas tomar un momento y dejar una reseña honesta

¡Gracias por tomarte el tiempo!

Tu reseña realmente hace una gran diferencia para mí

Capítulo 5

El análisis causa parálisis

En el capítulo anterior hemos realizado un esquema de cómo debe verse la estructura de un proyecto, esto va de forma general desde la idea principal, pasando por alternativas para lograr dichos objetivos, el plan de acción, análisis de contingencias y por último una ejecución de todo lo anterior que denominamos arranque. Existe un punto que genera mucha controversia entre aquellos que desean iniciar un proyecto y esto se ve mayormente reflejado en la parte financiera y es el análisis de contingencias.

El capítulo que nos ocupa actualmente propone retirar el velo de muchas de las creencias y aclarar algunas situaciones referentes a analizar de forma exagerada los planes o proyectos cuya finalidad tiene como objetivo el cumplimiento de ciertas metas. El analizar las situaciones en búsqueda del momento perfecto es contraproducente y esto se debe a que realmente no existe un tiempo o momento propicio para poder dar el primer paso, no existe un instante en el que todo lo que puede salir lo haga. Siempre existirán problemas, siempre existirán contratiempos y siempre habrá algo que nos hará falta, algo que no tendremos en cuenta, porque no somos omnisapientes.

Claro que es importante contar con herramientas para iniciar con un proyecto, por supuesto que será de mucha ayuda empezar con algo de conocimiento sobre el tema ya que al ser la meta de tu gran vida debes poseer al menos una idea de lo que debes hacer, lo que no es del todo positivo es obsesionarte con saber o querer saber todo ya que allí es donde incide la falla. Si tú te esfuerzas más de lo que debes en una meta e intentas de forma compulsiva tener todas las cartas, terminarás perdiendo el enfoque y por ende la meta de vista.

¿Cómo saber el momento en que debo arrancar?

Esta pregunta suele la primera que se les viene a la mente a muchas personas que han caído en cuenta que el enfoque del sobre análisis está mal. Es algo bastante más profundo de lo que parece a simple vista, pero en este apartado te vamos a dar las directrices para tomar decisiones que beneficien tu proyecto.

Tienes que saber que para que un proyecto pueda dar inicio y más si se trata de un proyecto personal, el único responsable de su arranque eres tú. Esto te lo digo porque, aunque en el capítulo anterior hablamos de una serie de pasos y consideraciones las cuales permitían un inicio exitoso, lo cierto es que el criterio o severidad con el que se toman las diferentes pautas las pones tú, por eso se hace tan complicado muchas veces el poder dar respuesta a esta pregunta. Te daré algunos ejemplos de esto que te estoy diciendo en este momento.

Imagina en este momento que existan dos personas cuyo sueño es el mismo y este viene siendo abrir una tienda de zapatos. Por una parte, tenemos al sujeto que llamaremos "Sujeto A" con la idea de abrir una tienda de zapatos y por otro lado al que llamaremos "Sujeto B" con una idea similar en teoría, pero ya veremos algunas diferencias.

El sujeto A inicia su conceptualización previa imaginando una tienda de zapatos de alta calidad, la cual va a componerse de piezas realizadas a mano con pieles finas, materiales de alta calidad y cuya finalidad es llegar a las mejores tiendas de diseñador mientras que el sujeto B, por su parte; tiene la idea de fundar su propia marca de zapatos igualmente, pero, he aquí la primera diferencia; como una empresa en constante crecimiento y en paulatino desarrollo. Entonces al momento de pasar a la idea general, que es donde se determinan los pasos importantes o estructurales del proceso, el sujeto A tendrá dentro de sus pasos principales el conseguir un local con depósito para poder utilizarlo como taller de trabajo, vidrieras con acabados bien logrados, iluminación adecuada para resaltar los modelos y conocimientos avanzados en la elaboración de zapatos finos o en su defecto conseguir a alguien que pueda hacerlo o ayudarle con ello. El sujeto B por su parte querrá contar con un local modesto en el que pueda exhibir sus modelos y posiblemente su sitio de trabajo estará en el mismo lugar que el local, por lo cual no necesitará mucho espacio o grandes comodidades, además de esto; si es una persona que posee conocimientos de zapatería muy probablemente habrá desarrollado técnicas artesanales para poder elaborar piezas muy buenas y estará abierto a ir mejorando, pero comenzando desde abajo.

El punto en el que ambos van a determinar el arranque de su proyecto será en el análisis de contingencias, esto se debe a que los dos pese a tener proyectos o sueños similares, el sujeto A tendrá una mayor exigencia al momento de buscar los posibles contratiempos o dificultades mientras que el sujeto B, por su conceptualización un poco más simple; tendrá un análisis con un grado mucho menos profundo.

Este ejemplo, aunque visto de manera simple, es una manera bastante gráfica de poder observar la forma en la que el análisis realizado de forma muy exhaustiva detiene los proyectos a tal punto, que es muy probable que una persona termine dándose por vencida.

Además de todo lo mencionado, debemos recordar que realizar proyectos de manera más fluida traerá consigo momentum. Anteriormente hemos hablado de esta característica tan importante al momento de realizar actividades, y esto cobra importancia en el apartado que ahora nos ocupa, ya que, si podemos generar impulso desde el momento en el que nos decidimos a elaborar o poner el primer ladrillo de nuestro sueño, bien sea una empresa, sueño alguna meta que tengamos en mente; la culminación exitosa del mismo será una realidad y no simples sueños.

El momento ideal para arrancar

Cuando ya hemos comprendido lo anterior podemos dar un estimado más preciso o analítico de cuándo arrancar un proyecto en pro de una meta a conseguir. Cada proyecto cuenta con la misma serie de pasos o pautas que hemos mencionado en el capítulo anterior, esto significa que todos y cada uno de ellos van a pasar de manera obligatoria por un análisis de contingencias. Si realizas una ponderación de este estilo y de todos los problemas existe la posibilidad de solventar al menos el 60% de los contratiempos, puedes iniciar con el proyecto aun cuando el otro 40% no posee aparente solución y te explicaré la razón de ello en este apartado.

Cuando tú tienes la idea ya planteada y más de la mitad de los mecanismos necesarios para poner en marcha el proyecto de tu vida, es el momento idóneo para darle inicio ya que lo que sea que necesites vendrá tanto a manera de aprendizaje como en forma de equipos interdisciplinarios. A lo que me refiero con esto es que tú no necesitas tener todas las respuestas, y de hecho es una idea poco práctica. Iniciar un proyecto queriendo tener entre manos todas las respuestas no va a hacer más que retrasar y posiblemente frustrar todo aquello que sí vale la pena por detalles técnicos que posiblemente puedas solucionar con el conocimiento adquirido en campo más adelante.

Existen diferentes maneras de poder solventar las carencias que se pueden encontrar una vez se ha iniciado el proyecto y para esto haremos un esbozo detallado más adelante con cada una de las soluciones. Pero por ahora queremos hacerles entender que la única manera en la que podemos saber si debemos arrancar un proyecto y que ese tiempo sea el adecuado para poder dar inicio es teniendo al menos un 60% de las contingencias cubiertas.

Ten por seguro que una vez que tú tengas ese porcentaje, que puede estimarse de manera sencilla dividiendo el número de contingencias entre 100 y multiplicando ese número por 60. Es importante saber que el número de contingencias cubiertas debe ser un número entero, y que en caso de no ser así se toma el número inmediato inferior, es decir; se redondea hacia abajo con el fin de tener un valor más real de los contratiempos que hemos resuelto y de los que faltan por diferencia.

¿Cómo hacer con las contingencias no resueltas?

Una vez que hemos comprendido cuál es el momento propicio para poder iniciar el proyecto, la segunda pregunta que se puede venir a la mente cuando aconsejamos arrancar con un proyecto sin tener todas las respuestas o soluciones es: ¿Cómo podemos resolverlas? Pues bien, esta pregunta es muy importante y es donde la mayoría de personas se sienten estancadas ya que no logran pensar en una respuesta porque simplemente no se atreven a pensar fuera de la casa. Nosotros en este escrito completo y bien documentado estamos en disposición de dejar las mejores alternativas para poder cubrir todos los tópicos o dudas respecto a estos temas que a muchos aquejan.

Crea tu propia comunidad: Este punto es muy importante ya que si eres una persona cuya finalidad es generar un emprendimiento que estará en aras de servir a un público, pues la mejor manera de poder cubrir contingencias que se presenten más adelante es con ayuda de tu comunidad.

Existen diferentes maneras de poder hacer un llamado a los miembros de tu comunidad, esto puede ser en conversatorios, puede ser a través de tus redes sociales, puede ser mediante historias de tu cuenta de Instagram, etc. Lo importante de hacer crecer una comunidad que cree en ti, que te sigue desde el inicio y que concuerda con tus ideas es que facilita mucho el hecho de poder conseguir miembros potenciales para realizar actividades para las que no te sientes preparado. Puedes estar interactuando con diferentes personas y esas personas a su vez conocen a otros individuos capaces de ahorrarte muchos dolores de cabeza porque pueden llevar a cabo eso que tanto necesitas.

Crea un equipo multidisciplinario: Este segundo punto tiene una estrecha relación con el primero, pero este va más enfocado a lo que vendría siendo el aspecto técnico e interno de tu proyecto. Antes de comenzar este capítulo hablamos de las bondades de contar con diferentes personas que nos ofrecieran ayuda en ciertos aspectos o temas de nuestra meta, ya que esto puede quitar de nosotros mucha carga que se puede traducir en estrés, ansiedad y en últimas instancias enfermedades que pueden atentar de manera severa con nuestra salud como son las migrañas, el insomnio y trastornos de sueño.

El equipo multidisciplinario cumple con laborar administradas y supervisadas por ti, es un grupo de personas capaz de ofrecerte resultados con un mínimo del 80% de similitud a lo que tú estás esperando y esto tiene muchas ventajas.

Rodéate de personas influyentes: Si deseas realmente solucionar contingencias debes rodearte de personas que influyan en ti de manera positiva en el aspecto que estas tratando de abarcar. Dicen que somos el tipo de persona de las cuales nos rodeamos y eso es muy cierto. Si tú eres una persona cuyo grupo de amigos o de cercanos es un grupo intelectual, posiblemente vas a ver con el tiempo alguien instruido y educado ya que te verás influenciado por ellos. Lo mismo sucede cuando se trata de tus proyectos y esto quiero explicarlo mejor.

Imagina que por un momento necesitas conocimientos sobre SEO para poder posicionar tu contenido en distintas plataformas con la intención de crecer mediante el tráfico de redes, entonces si tú te rodeas de personas que sepan del medio o nicho, de manera subconsciente vas a comenzar a desarrollar el mismo tipo de habilidades que ellos. Un dato curioso que seguramente notarás, es que los millonarios no se juntan con millonarios… Y tú te preguntarás, ¿Con quién se junta la gente millonaria? Eso es muy sencillo de responder, la gente millonaria se junta con gente billonaria.

La razón de que personas con mucho dinero se junten con otras que poseen el doble o más que ellos es debido a que ellos ya comprendieron que para tener éxito necesitan rodearse por personas que ya transitaron el mismo camino que ellos están caminando en ese momento, porque no existe una mejor persona para mostrarte aquello que debes hacer más rápido que aquellos que ya lo intentaron, lo lograron y que tienen la intención de mostrarte los errores que no debes cometer.

Siguiendo el mismo hilo que hace o toma como punto de enfoque el conocimiento para evitar así caer en situaciones de estancamiento, se encuentra una regla muy poderosa que puede ayudarte a aprender de otras personas lo que necesitas para convertirte en el artífice de tus sueños y no quedarte a medio camino pensando en cómo resolver las diferentes situaciones. Este método es muy completo y se basa en lo que se conoce como "retroalimentación cognitiva" ya que busca el intercambio de conocimientos y te diremos ahora cómo funciona esto.

Regla de los tercios

La regla de los tercios tiene como fundamento hacer una división de nuestro entorno en tres partes iguales y esto es cuando ya te encuentras dentro del camino hacia tu meta. Las personas comúnmente cuando empiezan un proyecto buscan rodearse de personas con la misma meta y esto les ayuda mucho si se hace un encuadre correcto, la regla de los tercios ayuda mucho a hacer este tipo de enfoques ya que te sitúa en una escalera metafórica en la que tú estás en un peldaño representando el 33,33% de un todo, justo arriba de ti se encuentran aquellas personas cuyo conocimiento está por encima del tuyo, personas que representan otro 33,33% y son aquellos que estarán dispuestos a ayudarte y a brindarte todo el conocimiento posible para que tú puedas subir al sitio en que ellos se encuentran. No olvidemos que ya con ellos sería un 66,66% que está en la ecuación, pero para que la sumatoria del todo de 100% se necesita el otro 33,33% y este constará de las personas que se encuentran un peldaño más abajo que nosotros y que por ese motivo necesitarán de nosotros.

Esto hace que la regla de los tercios se convierta en un sistema global que invita a formar a todos, parte de una asociación orgánica con una finalidad en común. Si bien puede parecer que todo acaba allí, lo cierto es que no. Cada persona puede verse como su propio 33,33% y encima de ellos estarán otras personas de quienes aprender y por debajo de ellas otras a quienes enseñar, por lo que si adaptas esto a tu vida podrás no solo aumentar la probabilidad de éxito en tu proyecto, sino que además ayudarás a otros en el camino ya que tú serás para los que están debajo de ti el mentor.

Para culminar con el capítulo actual, vamos a dejar algunos de los efectos negativos de sobreanalizar una situación. Al principio tocamos este tema de forma superficial, pero que eso no te engañe; los problemas relacionados con analizar en exceso una situación y no dar el primer paso por miedo son diversos y cada uno de ellos te los vamos a mostrar a continuación.

Síntomas que se presentan al sobreanalizar una situación

Sentimiento de desesperación: Como primer síntoma de una persona que espera el tiempo perfecto para poner en marcha sus planes tenemos la desesperación. Este malestar es el más leve de todos los que verá en la lista y consta de un estado constante de impaciencia, de frustración al ver que no se concretan los puntos que desea aun cuando el único responsable de su estancamiento sea uno mismo.

Ansiedad: El problema que sigue luego de la desesperación es la ansiedad. Al ver que tus metas se encuentran truncadas por factores que no puedes controlar, entonces estarás poco a poco desarrollando este trastorno psicológico que hará que tu corazón se acelere, que padezcas de náuseas, nervios incontrolables, ganas de llorar debido a la frustración, etc.

Trastorno de sueño: Si la ansiedad prosigue vendrán problemas como el que te comento en este apartado. Si tus planes no hallan la forma de continuar, entonces vendrá la falta de sueño. Esto es común en personas que no ven salida a un problema o contingencia y su cerebro comienza a trabajar en eso, se llega a obsesionar con las alternativas, pero al no haber posible solución pasa horas de desvelo intentando encontrar la posible solución.

Migrañas: Si el trastorno de sueño continúa presentándose de forma insistente, el descanso incorrecto y prolongado desarrollará en nosotros condiciones desfavorables como dolores de cabeza y posteriormente pérdidas de visión, náuseas y en casos más graves desmayos.

Pérdida de interés por las cosas o falta de ambición: Para finalizar tenemos la falta de ambición y es aquí donde los sueños mueren. Si una persona llega a estancarse de manera severa en un paso y no logra avanzar de allí tendrá consigo una carga de conciencia que le impedirá tomar riesgos, que le impedirá tomar acción y por más pequeña que sea una meta u objetivo en el futuro no será capaz de llevarla a cabo porque simplemente repetirá en su mente el fracaso anterior y lo verá en cada situación futura.

Llevar a cabo acciones con las herramientas que tenemos en el momento es, por todo lo comentado anteriormente; un beneficio tanto para los proyectos que tenemos en mente como para nuestro ego ya que tener éxito hará que tomemos cada vez más y más confianza en las actividades que realicemos en el futuro. El tiempo de poner en marcha o poner el primer ladrillo de nuestro sueño es ahora, es hoy, no esperes más, no prolongues el tiempo y arriésgate, ya que cuando lo hagas empezarás a ver los resultados que esperas.

Capítulo 6
Haz hoy, descansa mañana

Este capítulo se va a centrar en el nivel de competitividad que debemos tener cuando estamos en el proceso que compone el camino hacia la meta que tanto deseamos. El ser perseverantes es una cualidad que define a la mayoría de personas exitosas tanto del mundo antiguo como del moderno, y es que siendo seres humanos debemos entender que un rasgo que nos caracteriza a la mayoría es la ambición.

Cuando hablamos de ambición no nos estamos refiriendo a la forma tergiversada del término, en este caso estamos haciendo referencia a la parte que nos ayuda a impulsarnos cada día una vez que tenemos en marcha el proyecto o plan de nuestra vida. La generación del instinto de superación o autosuperación puede derivarse de distintos factores, pero principalmente viene de una voz en nuestro interior que nos invita a ser mejores porque dentro de nosotros se libra una batalla muy personal entre el "yo" presente y el "yo" que podemos llegar a ser.

Ahora bien, como toda acción en esta vida y como todo hecho ocurrido basado en leyes de la física; que dictan que todo cuerpo quiere volver a su estado de mínima energía; nosotros con el pasar del tiempo podemos llegar a sentir un desinterés muy grande de hacer las cosas, podemos disminuir esa competencia que llegamos a tener en algún momento y esto es algo que no debe ocurrir si queremos concretar metas de manera constante. Ser una persona desmotivada arrastrará nuestras ambiciones a un hoyo del que muchas veces es complicado salir, todo esto pasa sin darnos cuenta y por eso quisimos hacer en este libro de superación personal y crecimiento interno, un capítulo completamente enfocado a la formación de personas cuyo accionante será hacer sus actividades en el momento, será crear personas que decidan de manera voluntaria anteponer sus ganas de terminar o culminar una labor en el momento antes de querer salir a gastar el tiempo en ocio, momentos que retribuyen muy poco, etc.

Quiero comenzar este capítulo con un ejemplo y este es el que muchas veces ayuda a entender de manera más rápida, porque cuenta con elementos sumamente gráficos que permiten entender mejor el fenómeno que estamos tratando. Dígalo que existen en una misma pista de atletismo dos corredores y cada día ambos corredores entrenan la misma cantidad de horas porque más adelante habrá una competencia nacional.

Cada día el entrenador observa y estudia las sesiones de ambos corredores, dejando en cada caso una serie de recomendaciones y pautas a seguir fuera de la pista de entrenamiento. Al cabo de un par de meses nota que un atleta empieza a generar diferencias respecto al otro, sus tiempos empiezan a ser más cortos, llega a la meta mucho antes, se va volviendo más rápido y decide llamar de manera individual a ambos antes de la competencia para determinar aquello que hizo o que no hizo uno de los corredores para estar en la condición que está.

Al corredor que es un poco más lento, el entrenador le hace una serie de preguntas y parece que todo lo que ha hecho es lo que él le ha pedido que haga, ha descansado el tiempo estipulado, la dieta se ha seguido al pie de la letra, los entrenamientos (vistos por el mismo entrenador) cumplen con los estándares y en ese momento pide al corredor que se retire y llama al otro corredor (al más rápido).

Resulta que para este corredor las preguntas han sido las mismas y sus respuestas, aunque, con otras palabras; fueron completamente similares. Esto le extraña mucho al entrenador y decide preguntar qué hizo además de todo esto, y en ese momento el corredor aclara todo... "Imagino que cuando estoy en la pista, existe un doble mío igual de rápido que yo, y a ese doble lo intento rebasar en cada entrenamiento".

a. El día se compone de 24 horas, de todas estas horas digamos que en promedio utilizas 8 horas para dormir que es el tiempo recomendado y saludable de sueño, pueden ser un poco menos, pero de eso no entraremos en detalles. Tienes entonces 16 horas que puedes aprovechar de manera eficiente para el cumplimiento de objetivos que te lleven a tu gran meta final, tienes un 66% del día que puedes enfocar en actividades que te retribuyan enormemente, es un tiempo que, si te pones a ver, representa más de la mitad de tu vida.

Existen personas que dicen "¿Para qué haces hoy lo que puedes dejar para después?" y ese pensamiento está muy lejos de ser considerado por nosotros en este libro como correcto. Si has llegado a esta parte del capítulo sabrás que una constante en cada uno de los tópicos mostrados es la disciplina, es la determinación y esas dos palabras pueden traducirse como constancia, entonces la constancia viene siendo determinante para el cumplimiento de metas y es lógico pensar esto ya que para que un elemento genere cambios o resultados necesita estar en constante evolución, no puede detenerse en ningún momento y esto se logra mediante el cambio.

Si el realizar actividades con el propósito de ser mejores que nosotros cada día es lo que elevará nuestros niveles en esas actividades de manera exponencial, debemos estar comprometidos con esa meta, debemos tener en mente que el día siguiente tal vez será un poco más difícil el superarnos a nosotros mismos, ya que la vara de medida será nuestra mejor versión y eso es lo que permite el crecimiento. Pero como toda situación que amerita esfuerzo, existirán instantes en los que nuestra mente se sentirá agotada o nuestro cuerpo no estará en condiciones óptimas para realizar el máximo esfuerzo, para ello tenemos algunos trucos que te ayudarán a superar esos límites impuestos por nuestro propio ser con la finalidad de hacernos mejores, además de ello les dejaremos actividades a realizar que directamente alteran de manera positiva nuestra química cerebral para conseguir entrar en un estado de alerta que nos llevará a superarnos de manera inconsciente al principio pero que luego podremos controlar.

Antes de dar la serie de técnicas que beneficiarán el cambio y que nos ayudarán a ser individuos de élite en casa una de las actividades que llevemos a cabo tenemos que saber a qué nos enfrentamos, debemos saber cuáles son las situaciones que nos disminuyen, debemos conocer aquello que nos impide constantemente alcanzar los objetivos propuestos. Aunque ya en el pasado hicimos algo parecido, debemos entender que ahora haremos el mismo estudio, pero en nosotros mismos, debemos entender que ya nuestra meta está en marcha y tenemos tanto equipos multidisciplinarios, como comunidad de apoyo, personas influyentes, etcétera; pero que lo que nos retrasa es algo diferente. Lo que nos detiene son estados de ánimo que surgen cada cierto tiempo y esa disminución del interés es lo que hace que no tengamos la mejor disposición para atacar el día.

¿Qué te desanima cuando haces las cosas o quieres hacerlas?

El primer factor que impide que nosotros realicemos las actividades es el agotamiento físico. Una persona si está sumergida en su proyecto, enfocada y comprometida con los resultados, seguramente en sus inicios habrá dejado de lado descansos y horas de sueño porque según su juicio lo ameritaba, entonces con el pasar del tiempo la persona acumuló cansancio y en determinado punto su cuerpo no resistió el constante abuso lo que lo llevó a sufrir de un bajón energético.

Existen dos etapas del bajón energético, esas son la principal que ataca directamente a la persona que lo padece y es la que se caracteriza por hacer que la persona tenga sueño en todo momento, eso significa que, si la persona sigue en constante desvelo o duerme menos de las horas reglamentarias, experimentará fatiga y por ende un desinterés constante. La segunda etapa que comprende este agotamiento físico es que el que ocurre una vez la persona se ha dado cuenta de su condición e intenta recuperar las horas de sueño.

Una persona que duerme más del tiempo debido sentirá cansancio, pero no por falta de sueño sino por exceso, aunque esto suene ilógico lo cierto es que ocurre con frecuencia y su característica principal es la de sentir fatiga muscular debido al tiempo que hemos estado en "reposo". Esto sucede porque, aunque el cuerpo descanse, el cerebro no y este intentará mantener el cuerpo quieto y debido a esto es que se presentan dolores musculares, producto de una atrofia causada por el esfuerzo que hace nuestro cerebro por hacernos descansar.

El segundo factor hace referencia al cansancio que se produce de manera mental. Entiéndase bien por cansancio mental no al que afecta al cerebro ya que este agotamiento, tal como el primer factor; es netamente muscular, afecta al cerebro que es un músculo y este arroja señales de su cansancio, lo cual puede caracterizarse por falta de atención, ojos pesados, entre otros.

El cansancio mental es aquel que ataca directamente al entusiasmo por hacer las cosas. Una persona con agotamiento mental puede dormir bien, puede cumplir con los requisitos necesarios para gozar de una buena salud y de un buen sueño, pero eso no tiene nada que ver con el cansancio o agotamiento mental. Este tipo de mal perjudica al proyecto porque la persona estará en un estado de desánimo total, no tendrá ganas de hacer nada y esto se debe a diversos factores como son: Pérdida del enfoque, obsesión por los pequeños pasos, estancamiento, etc.

¿Cómo atacar al agotamiento en cada una de sus ramas?

Existen como podrás ver dos ramas que pueden afectar a una persona directamente en el desempeño de las actividades y cada una de ellas tiene varios síntomas a presentar, pero descuiden que aquí haremos entregaremos las estrategias a tomar para poder aumentar nuestros niveles de competitividad y de esa manera evitar alargar los plazos de éxito de lo que consideramos nuestra meta a alcanzar.

Primeramente, debemos atacar lo que vendría siendo el agotamiento físico ya que este es un poco más sencillo de solucionar y sus síntomas o consecuencias son de carácter lineal. Cuando hablamos de las consecuencias del agotamiento físico y su linealidad, es que los síntomas, tal como los hemos presentado antes son consecutivos y si queremos detener uno de ellos la raíz o enfoque de atención debe centrarse en el primer síntoma del agotamiento.

Si estamos en la fase del agotamiento físico posiblemente experimentemos los síntomas que hablamos en el apartado de síntomas que presentan al sobreanalizar una situación y esto es porque, aunque ya en este punto contamos con herramientas que nos ayudarán a solventar las contingencias, lo cierto es que el ser humano es de naturaleza ansiosa y siempre existirá algo que le preocupe, siempre existirá algo que le quite el sueño. Desde las personas con características promedio hasta los más sobresalientes tienen la posibilidad de padecer de agotamiento físico.

Si eres una persona con carencias en el nicho donde te encuentras posiblemente sea por estrés y si eres una persona que domina el tema posiblemente sea porque te obsesionas tanto con lograr el objetivo que dejas de lado tu bienestar.

Sea cual sea el caso tenemos la solución para ambos casos, esto es muy recomendable hacerlo ya que detener en el momento adecuado el agotamiento físico en la primera fase hará que no se pase a la siguiente.

Pon una alarma: Las personas que sacrifican su tiempo lo hacen de dos maneras y estas son estar hasta tarde trabajando en proyectos o pautas que necesitan hacer y levantándose muy temprano. Aunque parezca que hacer este tipo de prácticas beneficiará a la productividad, lo cierto es que no es una estrategia sostenible en el tiempo, entonces nuestra recomendación es que coloques alarmas para acostarte a una hora que te permita dormir 8 horas. Hacer esto te obligará a tomar acción en tu desorden de sueño ya que estarás literalmente obligando a tu cuerpo a cumplir con el horario establecido.

Hablamos en el inicio de dos tipos de personas, los que se desvelan y los que madrugan, entonces la solución es muy simple, si madrugas debes poner tu reloj para acostarte más temprano, y en caso de ser de los que se desvelan coloca una alarma al irte a dormir más tarde, para poder dormir correctamente.

Duchas de agua fría y entrenamiento: Para eliminar la posibilidad de empezar el día desanimado existe una técnica que ayuda mucho ya que tiene mucho que ver con la química corporal y la parte hormonal. Si amaneces con un estado de energía bajo puedes levantarte a tu hora habitual y de forma inmediata tomar una ducha de agua fría, esto genera una reacción en tu cuerpo que lo coloca en un estado de alerta, en un estado de alarma y hace que todos tus sistemas se pongan a trabajar.

Lo que harás al tomar esa ducha es que realizarás tu deporte o actividad física favorita, esto tiene un beneficio doble ya que estarás trabajando en la mejora de tu cuerpo, pero, además, y esta es la parte que nos interesa; estarás generando o liberando serotonina y adrenalina que son sustancias responsables de nuestra felicidad. Es posible que al inicio realmente no sientas ganas de hacer ejercicio, si es correr sentirás el cuerpo pesado, un poco de mal humor tal vez, entre otras cosas. Luego de 5 minutos estando en movimiento sentirás ese impulso, esa motivación y esas ganas que te motivarán a querer comerte el mundo durante tu periodo de actividad durante el día.

Si padeces de agotamiento mental el tratamiento es un poco diferente ya que los factores pueden ser diversos y para cada uno de ellos existe una forma de enfoque diferente. Si tú eres una persona que duerme bien, que realiza algún deporte, que está comprometido en lograr su objetivo, pero has perdido el ritmo sin saber cómo aquí te mostraremos la manera de cómo enfrentar cada situación.

Lo primero que debemos tener en mente es que esto no se sentirá como cansancio literalmente, la sensación de una persona cuyo agotamiento es mental se ve reflejada en sus acciones, ya que se muestra antipático ante las actividades que realmente lo llevan a sus metas, se mira distraído, da señales de que ha perdido el rumbo o meta final. Para poder comprender de manera más acertada este fenómeno vamos a colocar todos y cada uno de los síntomas que se desprenden del agotamiento mental y las soluciones a cada uno de ellos para que de esta manera puedas solventar cada uno de ellos.

Pérdida del enfoque: Este es uno de los síntomas más comunes en las personas que padecen de agotamiento mental. Padecer de pérdida del enfoque es muy común en personas que han dedicado gran parte de su tiempo en los pasos más pequeños, es muy lógico y comprensible perderse en el camino cuando te dedicas a observar solamente el panorama pequeño.

Si un individuo comienza una meta, y esto generalmente sucede con los sueños que son grandes; tendrá como estrategia comenzar a dividir ese objetivo en otros mucho más pequeños y de hecho es algo que en este libro recomendamos... El problema de esto es cuando esos pequeños pasos los vemos uno tras otro y no recordamos la gran meta, la curva de avance que teníamos en un principio comienza a disminuir su pendiente, eso significa que, con el paso del tiempo, la persona tardará más y más en conseguir el siguiente paso con éxito.

Imagina que quieres escalar el Monte Everest y preparas todo lo necesario para ello. Llega el día de la escalada y empiezas a realizar en ascenso. Aquí es donde se muestra gráficamente lo que sucede cuando una persona pierde el enfoque.

Si has visto este pico, que es uno de lo más escarpados y altos del mundo, sabrás que durante el ascenso no se observa la mayoría de veces la cima real, solamente se ven descansos o estacionas en las cuales los alpinistas suelen acampar para continuar. Quiero que durante un instante un ejercicio que consistirá en imaginar cada meta que te llevará a tu gran objetivo como los descansos de esta montaña y la cima del Monte Everest como el gran sueño. Si haces esto empezarás a ver cada meta grande desde el panorama macroscópico y microscópico, ya que eso te ayudará a superar este síntoma de forma eficaz.

Obsesionarse por los pasos pequeños: Este punto es similar al anterior porque guarda relación con los pasos intermedios para lograr el objetivo mayor pero la diferencia radica en que en vez de perder interés por no ver la mera grande, quieres dedicar más tiempo del necesario en cada paso, lo que hace que termines perdiendo la paciencia ya que no ves frutos, sin darte cuenta que el causante de todo esto eres tú mismo. En el caso del ejemplo anterior es como si quisieras estar más tiempo del debido en cada estación o descanso antes de llegar a la cima.

Posiblemente lograrás llegar al gran sueño, pero la posibilidad de no lograrlo aumenta mientras más tiempo pases en los pequeños pasos. Para que esto no pase, haz lo que harías en un hipotético caso de estar escalando el Monte Everest y has cronogramas. Agendar tus actividades o poner plazos para cumplir las mismas evitará que te obsesiones mucho por lograr la perfección y de esa manera avanzar.

Estancamiento: El síntoma más grave que puede ocasionar el agotamiento mental es el estancamiento. Si bien los primeros dos hacen referencia a los pasos intermedios o más pequeños, este tiene como problema el observar la meta final sin detenerse a observar el trayecto, esto conlleva inevitablemente a una sensación de no movilización y por ende a un estado de inactividad porque no estamos viendo los logros debido a una ilusión en la que nos sentimos varados.

Si no queremos que esto pase, debemos recompensarnos por cada número de logros, debemos recompensar cada cierto tiempo por las metas alcanzadas y con ello recordar que es un paso más hacia adelante y un paso más cerca de la meta.

Recuerda que el día posee 24 horas y de ellas 16 son completamente tuyas, la posibilidad de hacer algo productivo solamente depende de ti. Sé tu mejor versión y cada día supera a tu doble, con esto verás que cada sueño que imagines lo harás realidad en poco tiempo.

Capítulo 7

El camino de la vida

Durante el tiempo en el que estamos en este plano debemos entender que cada día que pasa es un día menos que estaremos en él, eso quiere decir que, aunque muchas personas digan lo contrario, no es día más de vida sino todo lo contrario por lo que en determinado momento de nuestro transcurso de vida debemos aceptar que hay que aprovechar cada minuto que tengamos para hacer de nosotros mismos una mejor versión, para hacer de nuestro tiempo en el mundo algo maravilloso.

Este capítulo busca quitar el velo y hacerlos parte de algo más grande, busca el enriquecimiento personal, busca cada persona que lea este escrito puedo tomar la rienda de su vida, decida que es momento de marcar un antes y un después en lo que viene haciendo con sus días. Muchas personas van por la vida evitando hacer alguna actividad o varias actividades por miedo a lo que sus familiares, vecinos, amigos cercanos o su pareja puedan decir, y lo que ocurre con esto es que cuando ya son demasiado longevos es demasiado tarde para intentar todo lo que quisieron en su vida joven y no lo pueden conseguir.

En este momento te invito a que hagas un análisis completamente objetivo y muy detallado de lo que has hecho durante los últimos cinco años de tu vida y te preguntes ¿Esto te ha hecho realmente feliz?... Seguramente pensando en todo lo que has hecho existirán situaciones que te hubiese gustado repetir o te hubiese gustado hacer de manera diferente, pues bien; no te asustes ya que es completamente normal. Es natural sentir que hemos desperdiciado momentos o hemos dejado pasar oportunidades en esta vida, sin embargo; así como nos damos cuenta de esta situación, también podemos hacer algo para remediarlo.

Si ya te sientes preparado para dar ese gran paso, lo primero que debes hacer es abandonar la concepción o imagen tienes de tu vida actualmente. Necesito que empieces a pensar en todas las cosas que deseas hacer de hoy en adelante con tu vida y para tu vida, necesito que por un instante dejes de pensar en los demás y te enfoque en ti, porque es la única manera en la que podrás realmente alcanzar tus sueños. Para lograr esto, vas a escribir una lista como la que escriben muchas personas como propósito de año nuevo y en ella vas a colocar todas las cosas que quieres lograr durante periodo de al menos 6 meses o un año.

Las metas y objetivos que tienen plazos de cumplimiento relativamente cortos se pueden ver o asimilar de una manera más sencilla, entonces una vez que tengamos esa lista completamente detallada vamos a enumerar cada acción en esa lista y en otra hoja vamos a colocar las siguientes preguntas:

¿Hacer (coloca cada meta de la lista) me hará realmente feliz? (Sí) (No)

¿Haciendo (coloca cada meta de la lista) puedo hacerme daño a mí mismo o a alguna otra persona? (Sí) (No)

Una vez respondidas todas y cada una de las preguntas, dependiendo de la cantidad de actividades; entonces podremos tener el nuestro poder la lista real de actividades ya que algunas por su naturaleza podrían dañarnos a nosotros mismos, dañar a otra persona o simplemente no hacernos felices, por ese motivo es importante que la pregunta 1 sea respondida con un "sí" y la pregunta 2 sea respondida con un "no".

¿Qué hacer luego?

Luego de que tengamos la lista vamos a colocar al lado de cada actividad una fecha estimada en la que tendremos que cumplir con esa actividad. Esto lo hacemos porque recordando el capítulo en el que se hablaba del momentum, una actividad o varias que se realizan con un cierto ritmo podrán generar impulso para no sentir estancamiento, por lo que se recomienda tener cierto límite que cumplir ya que con esto garantizamos la generación del impulso anteriormente mencionado.

Ya con todo lo anterior mencionado listo podemos empezar a cumplir con cada una de nuestras metas. El ser consecuentes con ellas hará que nuestra vida tome un curso y no lleguemos a experimentar vacíos existenciales, ya que el ser humano, como bien se han mencionado anteriormente, es un ser ambicioso y si llega a perder el interés por disfrutar de la vida, entonces estará perdiendo su esencia en sí mismo.

Digamos que planteaste una serie de metas y de sueños por cumplir para un plazo de un año y que al final dice año lo cumpliste, entonces para el siguiente año deberás realizar lo mismo, pero con objetivos diferentes y en caso de que alguna de esas metas sea progresiva, entonces tendrás que agregarla a la nueva lista, pero colocando el punto donde te encuentras ya que de esa manera sentirás que avanzar de manera gradual.

Todo esto que estamos diciendo tiene una razón, y esa razón es que el tiempo es el peor enemigo que podemos tener, el tiempo es imparable, invencible, es una unidad de medida absoluta de todo lo que podemos lograr. El tiempo es lo único en esta vida que no podemos recuperar y por ende cada minuto que pasa debe ser valorado y aprovechado con el fin de poder realizar un trayecto de vida satisfactorio y al final del camino sentirnos orgullosos de ello. Existen personas que entienden esto a muy temprana edad y desde muy jóvenes intentan hacer cambios importantes en el mundo, pero lo hacen cambiando primeramente el concepto que tiene de sí mismos. Sé tú mismo tu una de estas personas y conviértete en una mejor versión de ti mismo, en un individuo completo y en definitiva en una persona feliz.

Cuando tú te conviertes en una persona genuinamente feliz, realmente no te importa lo que otras personas opinen de ti, vas por la vida brillando con luz propia esto genera por sí mismo una brecha de oportunidades, genera una serie de eventos beneficiosos, ya que estás decretando al universo que agradeces estar en este plano y agradeces todo aquello que el mundo te envía, porque estará enviando cosas que armonicen con tus vibras.

Dicen que si quieres hacer enemigos debes ser tú mismo y hacer lo que a ti te guste, pues eso no está muy alejado de la realidad, solamente que una persona que hace lo que quiere no genera enemigos, sino que muestra la verdadera cara de los que dicen ser tus amigos. Si esto pasa quiero que sepas que no debes desanimarte, todo lo contrario; el alejar personas que desean tu malestar, tu estancamiento o simplemente desean que no seas tan feliz como lo eres haciendo lo que te gusta, es un beneficio a largo plazo para tu persona ya que estarás eliminando energías negativas y un peso de tus hombros.

El desarrollar actividades que a realmente quieres hacer puede evocar en ti un sentimiento de iluminación y esto quiero que se entienda muy bien, por ese motivo voy a explicarlo más claramente. Digamos que por ejemplo eres un estudiante de ingeniería y llevas más de la mitad de la carrera cursada ya que es lo que tus padres espera de ti en el futuro. Pasan los meses y haces todo lo que está en tus manos para terminar la carrera y no te pones a pensar realmente en qué es lo que quieres, pues bien; lo que vendrá luego de que te des cuenta que no es lo que realmente deseas para tu vida es un bajo emocional increíble será un fracaso a nivel estudiantil moral y ético dado que faltaste a un principio muy importante y es el de pensar en tu bienestar personal antes que el de los demás.

No importa a quién creas que vas a decepcionar cuando tomes decisiones que te hagan feliz, no importa si tus padres no aprueban tus acciones (en caso de no dañarte ni a tu persona ni a los demás) no importa si tus amigos no ven con buenos ojos aquello que estás por realizar, no importa si tú pareja no apoya en un principio todo eso que tienes en mente, porque la única persona a la que eso le debe generar alegría, tranquilidad y entusiasmo esa ti. Si quieres complacer a todas las personas que te rodean en tu vida déjame decirte que pasarás la vida entera y no conseguirás complacerlos a todos porque nosotros como seres humanos no venimos a esta tierra a cumplir las expectativas de otro que no seamos nosotros mismos. Quiero que esto se entienda muy bien porque el objetivo de este libro es hacer que las personas que lean su mensaje comprendan que para ser mejores personas primero deben ser felices con quienes son ellos mismos, y pensar en los demás no es nada malo, de hecho; ser una persona preocupada por el bienestar de otros es una cualidad muy noble, pero no debemos confundir empatía con complacencia.

¿Qué es lo peor que puede pasar?

A muchas personas les preocupa lo que les pueda pasar una vez que han iniciado o que desean iniciar con el camino de su verdadera felicidad, muchos individuos temen a lo que pueda salir mal más adelante cuando tomen acciones que creen que pueden afectarlos de manera muy radical, que puede impactarlos de una forma inesperada y no se sienten completamente a gustos con esta idea, pero tranquilos; en este apartado disiparemos esta gran duda.

Lo primero que debes entender es que ninguna persona va a padecer consecuencias fatales por las decisiones que tomes tu cómo individuo. Cada uno de nosotros vino a este mundo solo, y si no es el caso; puedo asegurar que se irá solo y esto no es algo que deba asustarnos. Si tus decisiones las has estudiado como te he dicho en párrafos anteriores podrás saber cuándo realmente una decisión afecta a terceros y si tu decisión no afecta a ninguna persona, no debes dejar que tu juicio se vea nublado por los comentarios de terceros, no puedes dejar que tu carácter sea manipulado. Cuando logres entender esto serás una persona cuya vida mejorará exponencialmente.

Lo segundo que debes entender, y esto es muy importante; es que, si has pasado toda tu vida haciendo o realizado cierto tipo de acciones y no has conseguido convertirte en tu mejor versión, ni has logrado ser una mejor persona, ser un individuo feliz realmente, quiere decir que necesitas hacer cambios en tu vida y de eso no cabe duda. Existe un dicho que voy a parafrasear en este libro y dice más o menos así: "Realizar la misma acción una y otra vez esperando resultados distintos es la definición de locura".

Una persona que repetidamente intenté ser feliz, que intenté convertirse en alguien mejor, pero sin realizar cambios reales en su conducta, en su rutina o en su manera de pensar está actuando de forma ilógica, de forma poco racional y esto arroja como resultado a una persona con muchas frustraciones.

Como tercer y último punto queremos decirles a ustedes, nuestros queridos lectores; que aunque en un principio las personas que toman la decisión de hacer cambios radicales en su vida pareciera que están en el camino equivocado, lo cierto es que toda decisión al inicio se ve así, pero si tú estás completamente convencido de que esto traerá crecimiento, traerá bienestar y generará un impacto positivo en ti, entonces no debes dudarlo, arriésgate, toma la iniciativa, da el primer paso y recuerda que este puede ser el primer día de una gran vida.

En esta parte del capítulo vamos a relatar una historia interesante que muestra cómo las personas pueden generar grandes hazañas cuando comprenden que su misión en esta vida deben encontrarla por sí mismos y no deben dejarse influenciar por terceros que no saben lo que ellos realmente desean para su camino.

Una historia motivadora

Aunque esta historia no mencionará el nombre o los nombres reales de los involucrados quiero aclarar que es completamente real y llegó a mí hace un tiempo.

Jesús y Alexander son un par de amigos desde hace un tiempo, cabe aclarar que ellos se ven a ellos mismos como hermanos más que amigos, su amistad ha prevalecido en el tiempo, son más de 8 años de amistad. Alexander siempre ha tenido el sueño de convertirse en un atleta de alto desempeño y esto quiero que se recuerde más adelante. Jesús conoce a Alexander durante un viaje que ni permitiría a Jesús realizar estudios universitarios lejos de su ciudad natal, debido a que en la ciudad donde estudiará Jesús, se encuentra una muy buena institución musical también, lugar donde conocerá a su futuro mejor amigo Alexander. Ambos son violinistas y entablan muy buena amistad, Jesús descubre que Alexander además de tocar el violín muy bien, es futbolista y estudiante aún de la secundaria. Con el pasar del tiempo, Jesús y Alexander deciden dejar de lado sus instrumentos y comienzan a entrenar juntos en un gimnasio local, allí la amistad se ve enormemente reforzada y ambos sienten que han encontrado a una persona con intereses muy similares.

Alexander tiene algunas dificultades económicas por lo que Jesús, de manera desinteresada; decide ayudarle y este accede durante un año y medio. Luego de esto nuestro protagonista, viendo que su situación no mejora realmente, toma la decisión de probar oportunidades en otro país.

Cuando tiene todo decidido, le comenta a su mejor amigo, casi hermano lo que tiene planeado. Jesús se muestra un poco escéptico y le pregunta si realmente es eso lo más beneficioso para su vida, Alexander se muestra muy seguro y le dice que sí y que, aunque él no posea estudios universitarios, quiere probar igualmente su suerte.

Aunque pareciera que Alexander no va a triunfar en su aventura, pasan un par de años y Alexander se encuentra actualmente administrando un negocio muy productivo en un país vecino. A lo que quiero llegar con esto, es que una persona puede muy fácilmente juzgar a otra desde su posición y no entender que ese individuo está intentando salir adelante y cumplir su sueño y muchas veces es lo único que se necesita. Para poder surgir necesita confianza en sí mismo, se necesita apoyo y un poco de fe y que alguien en ese sueño también, ya que como nos muestra esta historia todo estaba en contra de nuestro protagonista, pero al final resultó muy bien para él ya que de haber hecho caso a lo que le decía su amigo probablemente estaría estancado y frustrado por no haber hecho lo que él pensaba que era correcto para sí mismo.

Para quienes se preguntan qué ha sido de la vida de Alexander les comento que además de ser el administrador de un negocio está pensando y proyectando las ideas para su propio negocio, además de ello cuenta con el apoyo de su nueva pareja que le motiva cada día a lograr sus objetivos y su mejor amigo que están pensando reunirse pronto para ponerse al día con sus cosas; en cuanto a Jesús, tiene pensado hacerle un pequeño recibimiento en su país natal y celebrar por los éxitos de su mejor amigo.

Capítulo 8

Insiste, insiste, insiste

Este capítulo trata sobre la importancia de perseverar y ser constante con disciplina en los objetivos, metas y sueños que pretendes conquistar, ya que insistir es el único camino para alcanzar tus sueños y metas cuando las situaciones se tornen adversas.

Cuando planificas alcanzar un sueño debes tener presente que atravesarás por numerosos obstáculos que atrasarán tu llegada a la meta final de tu objetivo. Es importante que mantengas en tu mente y corazón las razones que te motivaron a querer materializar tu proyecto para que te impulses en el camino. Al igual que los montañistas al escalar y ascender por una montaña, la perseverancia y la constancia es una actitud necesaria para lograr llegar hasta la cima, a pesar de la fatiga, el estrés y no ver a simple vista el punto de llegada, debes mantenerte en pie con mucha firmeza.

De acuerdo con la *Real Academia Española* la perseverancia es definida como la capacidad de mantenerse constante en la prosecución de lo comenzado. Mientras que la constancia es definida como la firmeza y perseverancia del ánimo en los propósitos y resoluciones que nos proponemos llevar adelante.

Los soñadores

Los soñadores, estimado lector, son aquellas personas que como su nombre lo indica, sueñan que tienen muchos planes, pero ninguno llega a materializar, puesto que existe una distancia gigantesca que separa el "querer hacer" y el "hacer con acciones". Pregúntate a ti mismo si alguna vez has hecho afirmaciones del tipo "me gustaría crear una empresa" "sueño con viajar" "me gustaría obtenerte el empleo de mis sueños" "quisiera ingresar a la universidad de mis sueños" "sueño con mudarme a aquel país o ciudad", ahora pregúntate si has pasado de la etapa del sueño y la imaginación a planificar seriamente y realizar acciones que te lleven a tu destino deseado.

En el proceso del "querer hacer" y "hacer con acciones", se encuentra un indefinido espacio neutro de personas que no avanzan, por tener hábitos que inconscientemente frenan su constancia y perseverancia, esto les impide tomar acciones. Este indefinido espacio neutro es habitado por los soñadores.

Tipos de soñadores

Entre los tipos de soñadores encontramos a los soñadores de imaginación, soñadores endebles y soñadores "futuristas".

Los soñadores de imaginación son aquellos que se abstraen en un pensamiento introspectivo sobre conquistar una determinada meta o realizar un proyecto, pero no logran despertar de la somnolencia imaginativa, por lo tanto, sus aspiraciones mueren en el mismo momento en que nacen. Poseen poca o nula capacidad para perseverar y ser constantes, por lo tanto, se autodestinan al fracaso y la frustración.

Los soñadores endebles son aquellos que poseen una frágil capacidad de perseverancia y constancia, por lo cual, se rinden al encontrarse con el primer obstáculo en el camino hacia la meta.

Los soñadores "futuristas" son aquellos que constantemente emplean verbos conjugados en futuro para planificar lo que *posiblemente* o *tal vez* harán para realizar un proyecto y no agendan días y horas específicas para trabajar en el mismo, ejemplo: "en algún momento me sentaré a escribir mi novela" "tal vez mañana estudiaré para el examen de admisión" "posiblemente el próximo mes investigaré los requisitos necesarios para abrir mi empresa" "a lo mejor me inscriba en un curso de repostería" "algún día viajaré a conocer el gran cañón". Debes tener presente que es muy importante la forma en cómo expresas verbalmente lo que deseas lograr y cuando y como lo quieres realizar, porque de esa manera moldeas tu pensamiento, lo cual implica que sin darte cuenta neutralizas tus iniciativas, perseverancia y constancia.

Hexámetro de Quintiliano

Como has leído en párrafos anteriores, existe una distancia gigantesca entre el "querer hacer" y el "hacer con acciones", pues bien, esta distancia se acorta considerablemente con el puente de la constancia y la perseverancia. Las personas diligentes siempre tendrán una agenda planificada de trabajo y unos propósitos bien definidos y detallados. Seguramente te estarás preguntando ¿cuál sería la mejor manera de empezar?, no hay mejor forma de empezar que analizando con mucha responsabilidad y disciplina los asuntos que rodean el objetivo que pretendes alcanzar. Para esto el **Hexámetro de Quintiliano** es una gran herramienta para analizar de forma preliminar el camino hacia tus objetivos.

 El Hexámetro de Quintiliano consiste en siete preguntas claves, que debes intentar responder lo más exactamente posible para trazar el camino que debes recorrer para llegar a tu meta: quien, que, donde, con qué medios o ayudas, por qué, como, cuando.

¿Qué?: define el proyecto o los objetivos que tienes en mente, de que se trata, como lo titularías, ejemplo: viaje a los Alpes suizos, diseñador de la empresa___________, compra de automóvil, estudiar ___________ en la academia o universidad ___________, tener hábitos más saludables para ___________, fundación filantrópica para ayudar o promover ___________, aprender el idioma___________.

¿Quién?: esta pregunta más sencilla de responder implica que definas a los protagonistas involucrados en tus objetivos: instituciones de financiación, agencias de viaje, concesionarias, institutos o academias, empresas y por supuesto tú mismo/a como principal protagonista de tu proyecto.

¿Dónde?: define el espacio geográfico en el cual pretendes alcanzar tus objetivos. En la misma ciudad, país o provincia, casa o apartamento donde resides actualmente o tienes pensado mudarte a otro lugar. Define donde pretendes concretar tu proyecto.

¿Cuándo?: es muy importante que defines y especifiques el momento exacto en el comenzaras trabajar en tu proyecto. Año ________, mes___________, día___________, horas u horario ___________. Postergarlo o dejarlo a un momento indefinido en el tiempo significara que no concretaras ninguna de tus metas. Recuerda que la perseverancia y la constancia no se basan en un hecho abstracto sino en ser insistentes en la realización de un plan con acciones bien detalladas.

¿Por qué?: la respuesta a esta pregunta te ayudara a impulsarte para que puedas realizar tu proyecto. Responderla habla de los motivos por los cuales quieres hacer tu proyecto o tus propósitos. ¿Por qué quieres trabajar en esa empresa?, ¿por qué quieres estudiar en esa academia?, ¿por qué quieres hacer un curso de repostería? ¿Por qué quieres correr 5km diarios?

¿Cómo?: Tal vez te parecerá complicado responder a esta pregunta, pero es más fácil de lo que parece, la forma en la cual puedes elaborar un plan para alcanzar la metas que integran tu proyecto completa, se encuentra en la respuesta a las preguntas: que, quien, donde y cuando. Estas respuestas te dan una pincelada inicial muy concreta para que enfoques tu perseverancia y constancia.

Con que ayudas o medios: a la hora de emprender un camino hacia la consecución de un proyecto, debes tomar en cuenta que muchas veces no es posible hacer este camino en solitario. Pedir ayudas, acompañamiento y asesorías es parte vital de tener éxito. A medida que te vayas dando los pasos hacia tu objetivo irás construyendo una red de ayuda, asesorías y contactos en los que te apoyarás para cumplir con éxito cada meta de tu objetivo general.

Insistir, perseverar y ser constante es mucho más sencillo si cuentas con una red de apoyo (amigos, conocidos, familiares, asesores profesionales en asuntos específicos) que ya hayan hecho un trayecto considerable del camino que tus estas por emprender y cuenten con experiencias que te puedan orientar. Recuerda que pedir ayuda y apoyo es vital para el éxito de un proyecto.

Cuando tienes un panorama general sobre los obstáculos que debes atravesar, crece en ti el impulso para superarlos. De manera que no es imposible conocer los obstáculos, aunque por supuesto esto no significa que no encuentres obstáculos inesperados en el camino. Al tener listo un esquema general del plan que seguirás para conseguir tus objetivos, puedes proceder a evaluar su ventaja, puntos débiles y obstáculos que se presentaran de la siguiente manera: fortalezas, oportunidades, debilidades y amenazas (FODA).

Fortalezas: define y enumera tus habilidades, conocimientos, capacidades, destrezas, cualidades positivas, cuál es tu red de apoyo inicial y recursos disponibles (materiales, cualitativos, físicos, emocionales, tecnológicos y financieros).

Oportunidades: factores positivos de tu entorno, beneficios y ganancias, por ejemplo: que oportunidad puede representar para ti aprender un nuevo idioma, aprender sobre programación web, emprender en una empresa de comida, escribir una novela, tener mejores hábitos alimenticios, etc.

Debilidades: define las barreras de tu entorno, los aspectos negativos que dificultan emprender tu plan de acción con el objetivo de superarlos, por ejemplo: dificultades para gestionar tu tiempo y no poder hacer un espacio en tu agenda para trabajar en tu proyecto, no poseer suficientes recursos financieros. Ante estos escenarios ten presente que la distancia que separa a tu proyecto de una idea no realiza es unida por la constancia, la perseverancia y la disciplina para tener la actitud de hacer con acciones y por ejemplo seguir un estricto ahorro monetario.

Amenazas: circunstancias que pueden limitar tu desempeño personal respecto a tu plan, pueden ser personas que no te apoyen y te alienten a desistir, situaciones adversas como una respuesta negativa de parte de una institución (financiera, gubernamental o social). Ante estas situaciones recuerda siempre porque decidiste emprender en tu sueño y que siempre hay alternativas ante una puerta que se cierra.

"Insistir, insistir, insistir" es la base de todo compromiso que sostendrán tus objetivos, en insistir se encuentra tu perseverancia, en el trabajo diario tu constancia, en la dedicación diaria pequeñas victorias. Piensa en quien siembra una semilla de una pequeña planta y diariamente cuida de la tierra, de colocar la maceta al sol y de regarla con agua limpia; la paciencia es importante en este proceso, hasta que emergen de la tierra el tierno pedúnculo de la planta. Piensa en lo abrumador que resulta pensar en todos los objetivos que debes conquistar para ver materializado tu proyecto, es similar a pararte en el borde de un abismo, el vértigo sería violento, ahora piensa que todos esos objetivos deben ser realizados con pequeñas tareas, resulta menos abrumador ¿no crees?

El éxito para mantener la motivación de perseverar y ser constante a lo largo del tiempo es precisamente establecer pequeñas tareas para cada uno de tus objetivos. Realizar diariamente pequeñas tareas te ayudarán a percibir que estas avanzando paso a paso en el proyecto que tienes en mente. La organización también es un factor importante, pretender realizar todo al mismo tiempo solo conlleva a la frustración, a la falsa creencia de que no puedes concretar ningún objetivo y pensar erróneamente que no eres lo suficientemente bueno/a para el proyecto que te propones emprender; esto indudablemente hará decaer tu actitud para la perseverancia y la constancia. Aparte de la paciencia y la segmentación de objetivos en pequeñas tareas, debes tomar en cuenta que no solo la motivación es suficiente, en la perseverancia y la constancia se encuentra inmersa una actitud muy importante llamada disciplina.

La disciplina es la capacidad, actitud, principios y valores orientados a erradicar cualquier comportamiento o impulso negativo que pueda perjudicarte en la consecución de tus objetivos. Por lo general cuando te encuentras motivado a realizar alguna tarea, eres imparable, perseverante y constante, no encuentras obstáculos o si lo encuentras los superas sin pensarlo dos veces porque permanece en ti la energía de la motivación. Pero ¿Qué sucede cuando sufres una baja motivacional?, cuándo ya no te apasiona lo que haces, cuando ya no sientes inspiración alguna por trabajar en tus objetivos y te sientes fatigado, obstinado o aburrido.

Es en este punto donde entra en acción la disciplina para auto-obligarte (de forma positiva) a realizar esas tareas que tanto evitas, respetar tu horario de trabajo, dejar de consumir tanto tiempo en redes sociales y televisión, evitar hábitos alimenticios perjudiciales, etc. En la vida las personas disciplinadas suelen ser mucho más exitosas que las personas con talento, ¿te has preguntado por qué?

Las personas disciplinadas están conscientes de sus fallas, carencias y dificultades, saben que cuentan con desventaja cuando compiten con las personas que tienen el don del talento. Por estas razones las personas disciplinadas suelen trabajar más, empezar el día más temprano, concentrarse en la productividad, la eficiencia y la calidad del oficio al que se dedican. Esto tiene como resultado que terminan superando a las personas con talento, porque las personas con talento (no todas obviamente) se inclinan por confiar en sus habilidades tan excesivamente, que tienden a descuidar sus responsabilidades y obligaciones con la confianza de que no tienen competencia alguna, por lo tanto, sienten que son irremplazables. Parecido a la moraleja del cuento "la liebre y tortuga", el talento te impulsa hasta cierta parte del camino, pero el paso, aunque lento, si es constante, perseverante y disciplinado te llevará a conquistar la meta.

La productividad se encuentra asociada a tus niveles de éxito, mientras más productivo seas más logras avanzar en la realización de las pequeñas tareas y por ende en el cumplimiento de cada objetivo, en este sentido, debes aprender a identificar y poner en práctica hábitos que tal vez te parezcan obvios, pero que no tomas en cuenta diariamente dándole poca importancia.

Trucos para tener una disciplina inquebrantable

En este sentido, una serie de tips que te ayudarán a poseer una disciplina inquebrantable son:

Identificar los malos hábitos que se roban tu tiempo y perjudican tu salud física o mental:

Redes sociales: en la actualidad las redes sociales son las grandes limitantes de desarrollo personal, pueden estar horas y horas inmerso/a scrolleando cada una de tus redes sociales sin darte cuenta de que, en realidad, al finalizar el día, no has hecho ninguna actividad productiva que te genera satisfacción personal, profesional, académica, física y mental. ¿Acaso notas un sentimiento de culpa porque al finalizar el día no has sido capaz de liberarte del yugo de scrollear durante horas las redes sociales desde tu teléfono celular o computadora?, este sentimiento es el recordatorio de que el tiempo es una valiosa inversión la cual no puedes darte el lujo de desperdiciar, ¿Cuánto hubieses avanzado o mejorado, de haber invertido ese tiempo en trabajar, estudiar, ejercitarte o hacer otra actividad productiva y beneficiosa con diligencia y disciplina?.

No respetar los horarios para dormir: tener buenos hábitos del sueño ayudarán a mejorar tu concentración, disminuir la ansiedad, la preocupación y el estrés. Las consecuencias de no descansar adecuadamente generan un decaimiento en tu salud física y mental. Estas consecuencias pueden manifestarse en:

- Falta de energía
- Reducción de la capacidad de concentración
- Sensación de fatiga y cansancio constante
- Hipersensibilidad a los estímulos de la luz
- Problemas gástricos
- Problemas de la vista
- Mal humor e irritabilidad

Como puedes observar, no respetar tus horarios y horas de sueño correspondientes puede tener terribles consecuencias para tu salud, y si no cuidas tu salud no podrás ser capaz de cumplir tus objetivos.

Exceso de cafeína: aunque la cafeína puede tener diversos efectos beneficios en tu metabolismo, el exceso de la misma también tiene efectos perjudiciales en tu salud física y mental que pueden limitar tu desempeño e impedir la dedicación disciplinada a tu proyecto. Estos efectos perjudiciales son:

- Insomnio
- Mareos
- Ansiedad
- Dolores de cabeza
- Ritmo cardiaco anormal
- Deshidratación
- Inquietud y temblores
- Disminuir el consumo de cafeína permitirá mejorar tu salud y por ende podrás enfocarte en tus conquistar tus metas.

Poco o nulo ejercicio: Si tu cuerpo está sano tu mente también lo estará. El ejercicio ayuda a tu bienestar mental y físico. No es necesario que hagas diariamente una rutina intensa de ejercicios en el gimnasio, puedes empezar con tomar al menos un par de días a la semana y dedicar 20 minutos de ejercicio aeróbico, esto te ayudará a mantener una buena condición de salud, te sentirás relajado/a, tu cuerpo tendrá mejor rendimiento en tus actividades diarias, y evitarás las consecuencias perjudiciales del sedentarismo (enfermedades del corazón, colesterol alto, tendencia a la diabetes, obesidad y presión arterial alta).

Darle demasiadas vueltas al asunto y sobre pensar: Asociado a la procrastinación, pensar demasiado las cosas para empezar a trabajar en un proyecto, solo trae como consecuencia atrasar las acciones y posteriormente abandonar el proyecto del todo. Como has podido comprender en el capítulo sobre la procrastinación y en párrafos anteriores sobre los diversos tipos de soñadores, sobre pensar es la fuente negativa esencial que neutralizar toda iniciativa y motivación que posees para dar el primer paso en el camino a tus objetivos. No lo pienses tanto y atrévete a dar el primer paso, cuando sobre piensas como llegar de A a B, el camino que parece claramente señalado empieza a borrarse y en lugar de eso aparecen múltiples y confusos caminos que se entrelazan entre si y ninguno te puede llevar a B, esto sucede por no poder concentrarte en el momento presente y divagar en el incierto futuro, es decir, situaciones, momentos procesos y pasos que aún no tienes que atravesar. Recuerda un proyecto se compone de objetivos y cada objetivo tiene sus pasos, concéntrate en conquistarlos respetando cada paso y cada proceso sin adelantarte al futuro.

Miedo y nervios: El miedo es ese sentimiento y reacción primitiva del ser humano, en primer lugar, ante el peligro y en segundo lugar ante lo desconocido, es parte de nuestro instinto de supervivencia. Pero cuando te dejas abrumar incontrolablemente por este sentimiento, no puedes llevar a cabo acciones y decisiones que pueden proveerte de un cambio positivo en tu vida, es probable que experimentes este temor cuando se aproximen cambios en tu rutina o en tu vida en general, por ejemplo: la perspectiva de una mudanza o un nuevo trabajo, un viaje en solitario, independizarte de tu familia. Ante esta situación recuerda que, aunque el crecimiento personal muchas veces no resulte ser un proceso tan placentero, a mediano y largo plazo observarás que tomar esa decisión y realizarla con acciones es lo mejor que has podido hacer, que a pesar del vértigo del todo el proceso has crecido como individuo, has abierto tu mente a nuevas experiencias, vivencias y conocimientos, lo cual siempre se traducirá para ti en ganancia.

Traza un plan: Soñar con alcanzar una meta está muy bien, pero soñar con alcanzar una meta manteniendo los pies en la tierra es mucho mejor. De nada sirve que tengas grandes proyectos si no cuentas con un plan organizado y detallado, así que deja las excusas y comprométete en investigar la mejor manera de concretar tus metas. Como has leído en párrafos anteriores el análisis FODA y el hexámetro de Quintiliano te serán de mucha ayuda.

Crear nuevo hábitos: Para crear nuevos hábitos es esencial que en primer lugar, tengas el deseo de cambiar tu estilo de vida, y en segundo lugar inicies con acciones pequeñas, por ejemplo: si antes consumías 5 horas de tu tiempo viendo la televisión o escrolleando las redes sociales intenta reducirlo a 2 horas y media, si no acostumbras hacer ejercicios puedes empezar a realizar caminatas cortas cerca de tu casa, si deseas cultivar el hábito de la lectura lo mejor es empezar con novelas cortas y ligeras. Lo importante es que intentes divertirte en el proceso.

No pongas frenos a tus capacidades, virtudes, destrezas y conocimientos: Tener pensamientos negativos todo el día sobre ti mismo/a o las circunstancias que te rodean producirán la disminución de tu autoestima, que no veas el panorama realista de tu contexto y circunstancias, la disminución de tu trabajo, el estancamiento de tu motivación y el decaimiento de tu perseverancia. La forma en cómo piensas se convierte en lo que haces y en lo que eres. Por estas razones recuérdate a ti mismo/a que eres inteligente, valioso/a y totalmente capaz de realizar lo que te propongas, moldea tus pensamientos en positivo para que tus acciones sean positivas.

Prémiate: Recuerda premiarte cuando logres realizar las pequeñas tareas diarias que te asignas. Has de cada tarea realizada un acontecimiento importante, así que prémiate y consiéntete con tu comida favorita, tu programa o película preferida o con un paseo que te ayude a esparcirte y relajarte.

Finalmente, para conquistar los objetivos y el proyecto en su totalidad no hay otro camino que el de insistir, insistir, insistir. Pero para perseverar y ser constante debe existir en ti una fuerza de voluntad, una disciplina inquebrantable y un compromiso contigo mismo que supere las barreras que te limitan creadas principalmente por ti mismo.

Capítulo 9

Caminando por la soga

Este capítulo trata sobre el poder interior oculto y discreto, que se manifiesta en ti cuando enfrentas a dificultades adversas que amenazan con desestabilizar tu camino al éxito.

Como has podido leer en párrafos anteriores, el miedo es un sentimiento de supervivencia que nos protege de peligros que amenazan nuestra integridad física y mental. Pero ¿qué sucede cuando en lugar de dejarnos abrumar por este sentimiento, lo canalizamos de manera positiva y utilizamos este "modo supervivencia" para beneficiarnos? Cuando canalizas el miedo a tu favor puedes pensar, actuar y hacer de una manera que jamás creerías que serias capaz, tus sentidos se agudizan y puedes llevar a cabo acciones que increíblemente discrepan con la forma en la que generalmente haces las cosas. Esta fuerza interior permanece dormida, sigilosa, discreta y oculta hasta que "un disparador" impulsa su despertar y te convierte en una persona totalmente distinta.

Emprender el camino hacia la consecución de tus metas es parecido a empezar a caminar por la cuerda floja, das pasos con temor de perder el equilibrio, temes caerte, tropezar o que la cuerda se rompa. Imagina que estas de pie sobre el extremo de una cuerda y que al otro extremo de dicha cuerda se encuentre la línea de meta, en el lado del extremo en el que estas te acompañan sentimientos negativos como la ansiedad, el miedo, la inseguridad, la debilidad y desesperación. Claramente es normal sentir estos sentimientos cuando estas por emprender el camino para cumplir un sueño que tanto anhelas, pero observa que de todos ellos el que puede impulsarte a avanzar redoblando tus esfuerzos es el miedo cuando el panorama se torna turbio.

De forma positiva el miedo a caer y a no llegar al otro extremo te impulsará a aferrarte con todas tus fuerzas a la cuerda, ya sea que tus instintos para mantener el equilibrio se agudicen o porque estés a punto de caer y te aferres con tus manos, lo importante es que tu supervivencia inquebrantable te permita mantenerte en el camino. Los sentimientos positivos (coraje, fortaleza y confianza) y negativos te acompañarán a lo largo del camino. Aunque es preferible que los sentimientos positivos siempre te acompañen a lo largo del camino, esto no siempre ocurre por lo cual aceptar los sentimientos negativos y convertirlos en fortalezas te ayudan a ser resiliente cuando las situaciones no sean tan favorables.

Sacar esa fuerza de tu interior una vez que los obstáculos en tu camino se tornen gigantez y te obliguen a retroceder, el papel de la psicología juega un papel importante. En esta etapa entra en escena el tema de la psicología inversa muy asociada al concepto de la reactancia. La reactancia es un concepto que se define como una reacción emocional que nos impulsa a reaccionar en contra de las limitaciones sociales, culturales o de nuestro entorno que nos impulsa a rebelarnos en contra de estas circunstancias que nos resultan adversas. De esta reacción surge una fuerte motivación basada en la contradicción de no aceptar el estado normal (deber ser) de estas circunstancias, simplemente no dejarnos arropar por estas circunstancias y luchar por cambiar nuestra realidad. Debes tener presente que, así como tenemos la reactancia positiva también tenemos la negativa. La positiva te impulsa a generar cambios beneficiosos en tu vida, mientras que la negativa solo significa actuar con soberbia ante las reglas que impiden que no caigas en una situación que pueda perjudicarte.

El camino al éxito es muy parecido a caminar por una soga, debes equilibrar tus emociones positivas y negativas, además debes aprender en el camino a canalizar de forma positiva las negativas como el miedo cuando sientas que te comiences a agobiar por las situaciones adversas, recuerda la potente reactancia como mecanismo positivo para la motivación, esa poderosa fuerza oculta en ti esperando para sostenerte y ayudarte a salir adelante

Al transitar por la soga experimentarás un sentimiento muy agobiante, fuente de la mayor carga de estrés que vas a experimentar, ese sentimiento es la presión. La presión es el sentimiento que acompaña al artista antes de su concierto estelar, que siente un atleta al momento de competir y el mismo sentimiento que experimentamos todos cuando estamos en camino de conquistar un logro personal. La presión consiste es juzgarte constantemente a ti mismo sobre tus capacidades y virtudes, escuchar críticas tanto negativas como positivas, en observar a los ojos vigilantes que esperas a que pierdas el equilibrio y te caigas, pero también los ojos vigilantes que tienen fe en ti, de igual forma la presión también consiste en poner en duda tu misma fe en algunas ocasiones. Para manejar la presión sin dejarte dominar por ella debes:

Visualizar la meta y correr, aunque no tengas los mejores zapatos: cuando sientes mucha presión un mecanismo de evasión fácil de implementar es tener la excusa de esperar el momento oportuno, el día más soleado, una mejor computadora, tener un espacio en la agenda, y finalmente de excusa en excusa para evitar sentirte presionado postergas tus planes. No huyas hacia la dirección contraria a tu meta, con los recursos que tienes disponible ponte a trabajar y acepta que no todo en ti, tus recursos o en tu entorno debe ser perfecto como si de una ficción se tratase y enfócate en trabajar. Para aprender a manejar la presión debes tomar en cuenta que en el camino hacia el éxito encontrarás baches, trayectos que son lluviosos y pantanos que no debes pisar para no ahogarte. Así que no esperes a que todo sea perfecto, porque la realidad es que existen variables que no puedes controlar y recursos con lo que no puedes contar tan fácilmente, por lo tanto, trabaja con lo que tienes, conoces y sabes manejar, confía en ti y en tus capacidades.

No te fatigues por las circunstancias que no puedas controlar o influir: en coherencia con lo anterior, porque o cuales razones tendrías para preocuparte, estresarte o desesperarte por los hechos, acontecimientos o situaciones en las que no puedas influir. Es un tremendo malgasto de energía que tardarás en recuperar mientras que esa variable que no puedas modificar permanecerá igual, así que no pierdas tu tiempo y tu salud dándole vueltas a ese asunto. La tolerancia, una actitud positiva para afrontar la adversidad, así como la aceptación y asimilación de los sentimientos negativos (que no necesariamente son malos), son elementos que te ayudarán a sobrellevar la presión.

Fallar solo significa perder una batalla no la guerra: en las grandes contiendas de la historia ejércitos que al final resultaron victoriosos, no necesariamente ganaron cada batalla. Esto quiere decir que la constancia y la perseverancia es una actitud fundamental para no dejarte arrastrar por las adversidades, cuando luchas con sentimientos negativos no se trata de suprimirlos, no se trata de negarlos, no se trata de ignorar su existencia, se trata de continuar hacia delante y asimilar con madurez, es decir, respetar tus sentimientos a la vez qué permaneces firmemente y aferrado a tu camino al éxito.

Hay una diferencia muy grande entre aceptar los sentimientos negativos y anclarte en la queja. Anclarte en la queja implica una inmovilización de tus acciones, cuando ocurre un evento que no te favorece tienes la opción de continuar andando pasos hacia delante o quejarte y dejar que te arrastren las olas en el medio de la tormenta. ¿Qué sucede cuando te quejas, pero no haces nada para remediar la situación?, seguramente la respuesta que estás pensando es que la situación permanece tal y como está mientras que tú permaneces exactamente en el mismo lugar estancado y no avanzando hacia tu meta, por lo tanto, para soportar la presión debes generar en ti como una especie de músculo emocional que te ayude a asimilar la presión, para esto debes minimizar un poco la queja y centrarte en resolver con lo que tienes a la mano.

Imagina lo que significó para el ejército troyano permanecer durante un año varados en la playa, viendo sus mejores soldados morir por enfermedad o por acontecimiento propios de la guerra. Estuvieron aproximadamente diez años esperando una oportunidad que les permitiera conquistar la victoria, hasta que la constancia y la perseverancia, les permitió ingeniarse una de las estrategias más famosa de la historia de las guerras para atravesar la puerta de sus enemigos, no se anclaron en la queja, no se fueron y partieron derrotados hacia Esparta en el primer revés que sufrieron. De manera que, tras asimilar tantas situaciones adversas, tras generarse discordia entre ellos, finalmente pudieron lograr una de las más grandes hazañas de la historia que fue conquistar a una de las ciudades con los muros más inexpugnables de la historia, la mítica Troya.

Mirar el vaso medio lleno o el vaso medio vacío: cuando tiendas a enfocarte en los aspectos que no logras conseguir, ignoras qué parte de tus acciones pueden estar teniendo una influencia positiva y productiva en otra área que no tienes prevista. Mirar tus acciones desde las gafas del pesimismo suele ser uno de los mecanismos más tóxicos para minimizar tus logros, avances y conquistas. Entonces, ¿cuáles gafas decides colocarte, las gafas del pesimismo o las gafas del optimismo?

Cuando cargas con una nube gris encima de tu cabeza, es difícil que te fijes en el paisaje claro y brillante que está a tu alrededor, cuando tienes un objetivo planteado y esto no sale exactamente como deseas eso no significa que no estés avanzando, debes enfocarte lo que sí te está generando productividad.

Para soportar la presión debes enfocar ten los aspectos que estás conquistando así no sea exactamente los que te has planteado, porque de otra manera pensarás que estás estancado, que nos logrado nada y verás el vaso medio vacío cuando en realidad has avanzado un trayecto considerable del sendero sin darte cuenta.

Evita caer en el pesimismo, recuerda que eres lo que piensas y lo que piensas es lo que terminarás haciendo, por eso, la forma en cómo veas los objetivos que has conquistado determinará si fortaleces tu constancia y perseverancia o al contrario la debilitas. No hay conquista fácil, no hay conquista a la vuelta de la esquina, todo depende de la preparación, todo depende de deshacerte del peso de la perfección y aprender a ver el vaso medio lleno. Por lo tanto, enfócate en lo que sí estás alcanzando, no en las carencias, no es las cosas que no estás logrando, si no en lo que sí has logrado y ten presente que has crecido y avanzado.

Tú ya no eres la misma persona que inició con su proceso, tú eres una persona distinta, una persona que desde el momento en el que empiezas a caminar y a recorrer camino conquistas escalones. Fíjate si tienes pensado llegar al último escalón y no lo logras en un día, en una semana, o en un mes no significa que no tomes en cuenta que has logrado avanzar cinco escalones, por lo tanto, estás cinco escalones más cerca de positivo objetivo. Cambia las gafas del pesimismo por las del optimismo y comienza a ver el vaso medio lleno.

Se valiente y decidido: en párrafos anteriores se encuentran unas observaciones sobre el miedo, ahora verás su relación con la presión. Uno de los sentimientos base de la presión es el miedo, para superar la presión debes intentar dar pasos y tomar decisiones y realizar acciones así sientas el peso de este sentimiento sobre ti. El miedo es normal, debes asimilarlo, pero nunca te dejes arrastrar por el pánico y el temor a lo desconocido, temor a hacer mal tus tareas, o miedo por no conseguir los objetivos. Debes aprender a diferenciar entre el miedo real y el miedo imaginario.

El miedo real te alerta sobre una situación de peligro que puedes experimentar y que racionalmente es un hecho que puede ocurrir, pero el miedo imaginario es el que mayormente experimentamos cuando tenemos que tomar decisiones importantes, el miedo imaginario se basa en una serie de suposiciones que agrandamos y sobredimensionamos en nuestra mente y que analizándolo desde una perspectiva objetiva irracional, esta supuesta situación de hechos y acontecimientos es muy probable que no ocurran en realidad. El miedo puede ser una potente herramienta para utilizarla como tú aliado o puede convertirse en un sentimiento que te neutralice e impida que cumplas tus sueños.

Todos tenemos derecho a fracasar, lo que planificamos en nuestra mente no necesariamente se dan de una manera perfecta en la realidad y mientras más comprendas que el fracaso es parte del proceso y es parte del camino hacia el éxito, mejor puedes asimilar la noción del miedo para hacerlo tú aliado y dar los pasos decididamente. Más gana la persona que lo intenta, que lucha por hacer sus sueños realidad, pero la persona que se deja absorber por este sentimiento y se convierte en presa del pánico y el temor, jamás sabrá si habría conseguido los sueños que se imaginó alcanzar. Se decidido/a, se valiente y emprende tu camino más importante es intentarlo y luchar por tus sueños que quedarte insatisfecho en lugar que no te satisface.

La meditación, la introspección, silenciar el monólogo interior y tu diario personal

Para descubrir y fortalecer tu fuerza interior primero debes conocerte a ti mismo, ya que si no te conoces esa fuerza interior no puede emerger de ti porque no conoces tus capacidades, no conoces tus fortalezas y no conoces tus debilidades, por eso primero conócete a ti mismo.

La meditación es un gran ejercicio para aprender a conocerte a ti mismos. Uno de los grandes problemas que afrontamos en la actualidad, es que no tenemos unos minutos al día para estar conectados sólo con nosotros mismos, y apartarnos de los estímulos del mundo exterior como el uso excesivo del teléfono, las redes sociales, la televisión y las preocupaciones relacionadas al mundo laboral. Cuando meditas tu mente queda en blanco, eres capaz de silenciar ese monólogo interno que muchas veces puede ser perjudicial, porque este monólogo interno a menudo recrimina las tareas en las que no te desempeñas al máximo o las decisiones menos acertadas que has tomado, por lo tanto, sin ser totalmente consciente te críticas más de una manera negativa y no de una forma positiva y constructiva.

Educar tu mente para silenciar ese monólogo interno, toma 15 minutos al día para estar solo contigo mismo para que tengas tiempo de reflexionar, para que tengas tiempo de inhalar de exhalar sin preocuparte por tus tareas diarias. Al apartar de tu mente y silenciar y la incomodidad de toda tarea pendiente que no has podido resolver, todo objetivo que no has podido lograr rápidamente, mejor podrás reflexionar con calma e introspección y ser capaz de canalizar tus emociones.

Otro de los grandes inconvenientes para fortalecer y descubrir tu fuerza interior es que no sueles conectar con tu momento presente, siempre te dispersas en tus objetivos al pensar constantemente en el futuro. Recuerda que "el futuro es mañana y el presente es hoy", si poco vives el presente poco o nada puedes comprender que aquellas acciones que realizas hoy son las que tendrán impacto en el mañana. De manera que concentrarte en el momento presente permitirá que inviertas tu tiempo de una forma más productiva, y manejes una expectativa más realista sobre el futuro que te espera con las decisiones que tomas hoy.

Escribir un diario también te ayuda a conocerte más a ti mismos ya que un registro personal de tu día a día, sentimientos y vivencias, te ayuda a identificar algún patrón de conducta y acciones negativas, porque tomas las decisiones que tomas y reaccionas emocionalmente como lo haces, que acontecimiento desencadeno una oleada de motivación, productividad y sentimientos positivos, y por el contrario que acontecimiento desencadenaron una baja en tu motivación, sentimientos de pesimismo y ver el vaso medio vacío. El diario puede servirte de base para tu descubrimiento introspectivo, el hallazgo de tu fuerza interior y ayudarte a tu crecimiento personal.

Capítulo 10

Libertad sin esfuerzo

Nos encontramos en lo que vendría siendo el último capítulo de este escrito y queremos decirles que, si ya llegaron a este punto, lo han hecho muy bien. Si han realizado todos y cada uno de los ejercicios y pautas mostradas estamos seguros de que son una versión mejorada de sí mismos, desde ya comenzaron a formar parte del selecto grupo que conseguirá de manera eficiente el cumplimiento de sus metas y esto lo sabemos por qué han sido persistentes, no han decaído ante las dificultades, son personas cuya principal característica y cualidad es la perseverancia.

Haciendo un recuento de todo lo que hicimos y del camino que transitamos a lo largo de este libro, comenzamos eliminando una serie de distractores y elementos que entran en la categoría de pasivos/perjudiciales, dimos una serie de pautas para disminuir la procrastinación de nuestras vidas, lo que tuvo un impacto directo y positivo en la productividad relacionada a los proyectos personales. Más adelante tomamos un par de capítulos para enseñarles a ustedes, nuestros queridos lectores; acerca de las buenas decisiones y la generación de una característica vital para el desarrollo de proyectos mediante una filosofía basada en la realización de varias actividades a la vez, todo esto con el fin de poder optimizar el tiempo y de esa manera conseguir resultados bajo una aplicación de esfuerzo óptimo.

Si fuiste una persona detallista seguramente te diste cuenta que a lo largo de todo el libro existen 6 capítulos cuya atención se centra de manera directa o indirecta en el esfuerzo. Esto se debe a que, para poder dar cambios a tu vida, necesitas convertirte en una persona determinada, necesitas realizar un esfuerzo bastante considerable. Este esfuerzo seguramente sentirás que se encuentra muy por encima de lo que puedes dar, sentirás que ese esfuerzo es muchísimo más grande de lo que puedes lograr y eso está bien. Tienes que recordar que para que una meta sea cumplida, el esfuerzo a llevar a cabo será directamente proporcional a la cantidad de compromiso que pongas para esa meta. Si tú no consideras todos los sacrificios que conlleva el cumplimiento de un gran sueño, será muy difícil para ti el poder lograr ese sueño, permíteme, te explico.

Estructurar de manera eficiente un plan de vida o metas que te lleven a alcanzar tu gran sueño lleva tiempo, lleva consigo un nivel de compromiso altísimo, conlleva pasar días sumergido en eso y sacrificar algunas veces, sino es que muchas veces; tiempo de ocio, tiempo de compartir con amigos, familiares y tu pareja. Esto último dicho suele asustar a muchas personas emprendedoras, la sola idea de tener que abandonar aspectos de su vida que los llenan y que los hacen sentir queridos los hace retroceder o les evita dar ese primer paso, pero por un momento quiero que te pongas a pensar en la cantidad de crecimiento que vas a tener una vez que logres transitar por todo eso, quiero por un momento que analices todas las ganancias que traerá consigo tu nueva versión, quiero que por un solo instante te hagas una idea de lo bien que te vas a sentir cuando logres todo lo que te has propuesto gracias a tu esfuerzo. Te aseguro que una vez tengas presente todo esto, tus ganas de dar más del 100% será un hecho.

Sé congruente

El problema que muchas personas presentan al momento de querer realizar un esfuerzo para obtener una recompensa, es que no son completamente congruentes con sus acciones. Digamos que una persona desea bajar de peso y alcanzar un límite de grasa corporal comprendido entre el 8 y 10%, pues bien; esta persona deberá primero que nada realizar una prueba en la que obtenga de forma analítica su peso y con ello poder desarrollar estrategias que le permitan alcanzar su objetivo. Si la persona no es completamente lógica con sus acciones lo que puede suceder es que empiece una rutina de entrenamiento sin cambiar sus hábitos alimenticios o puede ser que la rutina que esté llevando a cabo no sea la más adecuada para su metabolismo también puede pasar que la persona entrene y coma bien pero no duerma lo suficiente, eso trae como resultado que la persona no obtenga lo que desea y también se vea afectada física y emocionalmente.

Para ser congruente la persona debe no solamente establecer una meta, sino que de forma consciente deberá marcar un punto de inicio realista junto a una meta igualmente realista porque no es lo mismo intentar correr 5 km luego de 10 años de sedentarismo a intentar correr esos mismos 5 kilómetros llevando un régimen de entrenamiento desde hace 10 años.

Algo que puede ayudarte mucho al momento de querer ser congruente es verbalizar aquello que deseas lograr, eso quiere decir que para que una persona pueda lograr una meta, primero que nada, debe expresar el deseo de querer lograr esa meta, debe comunicarlo a otra persona o a él mismo en voz alta para poder comenzar a generar compromiso que más tarde se transformará en esfuerzo.

Ejercicio de decreto

Un ejercicio muy útil para poder desarrollar la congruencia se trata del método del decreto. Este método consiste en realizar un escrito con nuestro puño y letra en el cual vamos a colocar la meta que estamos intentando alcanzar, esto lo haremos de la forma más detallada posible y junto con esto colocaremos la fecha de culminación tentativa de nuestra meta. Esto solamente comprenderá la primera parte del método del decreto.

Para que el método funcione vas a tener que firmar tu hoja de decreto y vas a entregarla a una persona de confianza, esta persona será la encargada de recordarte cada vez que te note decaído lo importante que es esta meta para ti, pero sobre todo será el encargado o la encargada de recordar la fecha en la que debes cumplir tu meta. De este papel vas a sacar una copia y esta copia la vas a colocar en tu mesa de noche para que cada vez que te vayas a acostar o te vayas a levantar sea lo primero que veas.

Dicen que en la repetición está el éxito, y eso es muy cierto ya que si analizamos la forma en que funciona el cuerpo humano, nos daremos cuenta que utiliza algo llamado memoria muscular, que es la encargada de memorizar por decirlo de alguna manera ciertos movimientos con el fin de evitar aprenderlos nuevamente cada vez que lo vayas a utilizar. Algo similar ocurre con la obtención de las metas y con la aplicación repetitivo de esfuerzo ante una situación que lo amerita, esto quiere decir que, si tú te acostumbras a poner todo tu empeño en cada actividad relacionada a tu gran sueño, con el tiempo será mucho más sencillo logra entrar en ese estado de compromiso.

Mentalidad de guerrero

En este punto hacemos referencia a lo que vendría siendo tener una tenacidad muy elevada al momento de llevar a cabo nuestras acciones. Si tú eres una persona cuya finalidad es lograr objetivos lo más rápido posible y de manera correcta, es muy importante que tengas en mente que para poder lograr todo esto debes sobrepasar tus límites. Con esto me refiero a que, si tú te propones, por ejemplo; lograr 5 metas diaria de tu lista para poder descansar entonces tú mentalidad como guerrero te pedirá duplicar esa cantidad, tu mentalidad será la intentar cada día romper una marca personal ya que eso permitirá un momentum y un impulso sin precedentes. Muchas zonas personas se sorprenden de lo útil Qué es esta técnica que realmente está basada en diferentes métodos de obtención de logros utilizada por distintos individuos en ramas relacionadas a: La superación personal, la competencia deportiva de élite, los magnates del mundo de las finanzas, entre otros.

Existe alrededor del mundo muchas personas influyentes y personajes cuyo crecimiento ha sido monumental que aún con su enorme fortuna (y no hablamos solamente de la fortuna amasada en dinero, sino fortuna del tipo espiritual, personal, en forma de conocimiento, etc) siguen llevando este estilo de vida y si ellos lo hacen (personas como Mark Zuckerberg, Elon Musk, Jeff Bezos) ¿Por qué tú no lo tendrías que empezar a hacer? ¿Acaso no es evidente que ellos están haciendo algo diferente a ti que funciona?

Aprende a trabajar cuando otros descansan

Una cualidad bastante admirable de las personas que ponen en marcha sus proyectos, es que pueden trabajar, pueden generar avances, pueden dar pasos mucho más constantemente que otros porque entienden y aprenden desde el principio que trabajar mientras otros descansan o mientras otros toman el tiempo de ocio es la manera ideal de ver resultados. Si bien es cierto que el descanso es importante para el correcto funcionamiento de nuestro cerebro, no hay que confundir descanso con tiempo de ocio. Existen muchos elementos distractores como bien pudimos observar en capítulos anteriores que nos pueden hacer perder tiempo valioso, tiempo de calidad y tiempo que pudiésemos estar aprovechando en el correcto desenvolvimiento de muestras metas.

El primer elemento distractor del cual les queremos hacer mención es la televisión. La televisión ocupa el primer puesto en cuanto a distracción debido a que una persona en promedio puede gastar alrededor de 4 horas al día viendo programas de televisión, viendo noticias, viendo cualquier tipo de transmisión aun cuando realmente no es algo que le interese. Muchas personas atribuyen el hecho de ver televisión a las noticias, pero como les explicaré más adelante las noticias realmente no son tan importantes. Las noticias transmitidas por televisión pueden parecer en primera instancia una muy buena razón para ver la televisión, pero desde ahorita te digo que no es 100% necesario estar viendo televisión para poder estar enterado de las cosas importantes.

Como segundo elemento distractor muy relacionado a la televisión, haremos un ejercicio tomando como ejemplo el atentado de las torres gemelas, y quiero hacer un paréntesis aquí ya que se trata de un tema muy delicado, necesito que analices y pienses por un momento en lo que hubiese pasado de no haber visto las noticias en el momento del primer impacto o del segundo. De estar ocupado en tu trabajo, en un sitio con pocas posibilidades de observar la situación al instante o simplemente porque en ese momento no tienes la manera de cómo enterarte a tiempo ¿Tú crees que no te ibas a enterar hasta llegar a un noticiero para ver el acontecimiento? Te puedo asegurar que no.

El revuelo que tuvo este lamentable suceso fue de carácter mundial, las personas que supieron lo acontecido te puedo asegurar que no tuvieron que esperar más de dos horas para poder entender lo que en ese momento se suscitaba y esto es porque las situaciones o hechos importantes llegan por diferentes medios, no solamente a través de un medio audiovisual. Un hecho bastante interesante que ocurre al momento de analizar las noticias es que más del 80% de lo que sale en los noticieros es negativo y esto tiene una repercusión bastante grave en nuestro estado de ánimo que explicaré con más detalle, pero primero les comentaré las razones por las cuales no debemos ver noticias.

El New York Times publicó en uno de sus periódicos, hace mucho tiempo un estudio que en resumidas cuentas mostraba el hecho de que las noticias o encabezados cuya connotación era de naturaleza negativa solía tener mayor número de ventas, en cambio los días en los que dichos encabezados eran medianamente buenos o sin tanto impacto negativo, generaba ventas modestas o bajas. A la conclusión que quiero llegar con esto para no hacer muy extenso el cuento es que ver noticias nos hace daño, nos genera una disminución de energía y esto es fatal si queremos tomar un camino de productividad y esfuerzo máximo ya que consumir nuestra energía pensando en situaciones externas no es lo óptimo, entonces dile "no a las noticias".

Y así como esos, existen muchos elementos que te distraen de tu meta, existe una gran variedad de elementos que te alejan de tu gran sueño y muchas veces esos elementos se presentan en su vida porque los invitamos a entrar de manera inconsciente. Una persona cuya mente esté dispersa en situaciones ajenas a su beneficio, por lo general tendrá un rendimiento mucho menor al esperado, usted mi apreciado lector no puede darse ese lujo.

Si tu nombre es Preston Bezos, puedes tomarte la libertad de vivir una vida sin realizar esfuerzo la mayor parte de ella ya que la tienes completamente resuelta, te puedo asegurar que si eres esta persona no tendrás que generar un esfuerzo para conseguir lo que desees en tu transcurso por este plano. Y si no sabes quién es ésta persona seguramente no estás muy involucrado en lo que viene siendo el mundo de los altos magnates del mundo. Preston Bezos es el hijo mayor de Jeff Bezos, catalogado como el hombre más adinerado del mundo con una fortuna de más de 110 mil millones de dólares, entonces te aseguro que, si tu nombre es Preston Bezos, no tendrás que trabajar o esforzarte mucho en la vida ya que estará completamente o prácticamente resuelta a no ser que desees lograr cosas por mérito propio... Pero aquí no estamos para hablar de la vida de estos individuos.

Si has llegado hasta el final de este libro quiero decirte que estoy muy orgulloso de ti, si has llegado hasta aquí es porque eres una persona determinada 100% comprometida con lo que deseas lograr, eres una persona que ha decidido dar el cambio a lo que vendría siendo una vida mejor y ya diste los primeros pasos.

De aquí en adelante, con todas las herramientas que te hemos dado; serás capaz de plantear buenas metas y cumplirlas de forma eficiente. Ya estamos por terminar este libro y lo único que resta por decir es que sigas así, esfuérzate cada día un poco más, da lo mejor de ti, se tú mejor versión a diario y ten presente en cada uno de los tópicos mostrados en este libro ya que el mejor día de tu vida podría ser hoy sí decides cambiar tu rumbo.

Esforzarse cada día de forma sostenida con el tiempo va a conseguir que, en un punto determinado, luego de tanto trabajo; podamos vivir lo que sería una vida sin esfuerzo teniendo libertad en ella para hacer lo que nosotros queramos. Al principio todo va costar un poco más, todo será más difícil, pero ese esfuerzo tendrá su recompensa y nos sentiremos muy orgullosos de las personas en las que nos vamos a convertir cada uno de nosotros. Esto es una cuestión de repetición, evolución y sin más agregar queda agradecer nuevamente a todos los que llegaron hasta acá

Conclusión

Este libro muestra una serie de herramientas basadas en diferentes estudios que han sido adaptados te tal forma que puedan ser utilizadas para el beneficio de cualquier persona que las interprete de manera correcta. Si tú eres una persona cuya mentalidad era muy diferente te puedo asegurar que luego de leer este libro cambiará por completo, serás una persona mucho más enfocada, más determinada, organizada y sobre todo intencionada en relación al cumplimiento de metas, a la mejora y superación personal, a la entrega de compromiso y en el esfuerzo que darás de ti mismo para poder generar resultados óptimos.

La base de todo lo que te acabo de decir es tener disciplina, el esfuerzo, la constancia y un espíritu fuerte que no se deje doblegar durante los días más difíciles, porque te lo digo nuevamente; van a existir días difíciles, van a existir días en los que no quieras hacer nada y justamente tendrás que ponerte los guantes y salir a dar lo mejor de ti en el round, porque la vida intentará derribarte con todas las cosas, pero si logras ponerte de pie en cada caída te aseguro que estarás ganando.

¿Disfrutaste este libro?

Si disfrutaste este libro y encontraste un beneficio en él, te agradecería mucho si puedo recibir tu apoyo.

Espero que puedas tomar un momento para dejar una reseña honesta

¡Gracias por tomarte el tiempo!

Tu reseña realmente hace una gran diferencia para mi

Con gratitud…